# O COMPLIANCE CONTRATUAL APLICADO AOS CONTRATOS ELETRÔNICOS FORMALIZADOS NO METAVERSO

Gabriel Carvalho dos Santos

Amazon KDP

SANTOS, Gabriel Carvalho dos. O COMPLIANCE CONTRATUAL APLICADO AOS CONTRATOS ELETRÔNICOS FORMALIZADOS NO METAVERSO. Amazon KDP, 2024.

ISBN-13: 9798883100955

Design da capa por: Pintor de arte
Número de controle da Biblioteca do Congresso: 2018675309

Impresso nos Estados Unidos da América

# APRESENTAÇÃO

A dissertação apresentada ao programa de mestrado em Direito da Sociedade da Informação, vinculado a linha pesquisa: Teoria da Relação Jurídica na Sociedade da Informação, e orientado pelo Prof. Dr. Jorge Shiguemitsu Fujita, originou este livro. Estruturalmente, é importante esclarecer ao leitor que a sociedade da informação é desenvolvida na perspectiva de transformação dos avanços tecnológicos que modulam as relações desenvolvidas pela humanidade.

Consequentemente, impactos também foram experimentados no âmbito jurídico, especificamente na operacionalização das relações contratuais. Portanto, os contratos eletrônicos passam a fazer parte das interações negociais e, especialmente, alcançam o escopo de serem operacionalizados no metaverso. Assim, esse ambiente que interconecta o mundo físico e o digital, fluindo entre eles e utilizando recursos para possibilitar experiências personalizadas aos usuários, passa a ser essencial para a desenvoltura dos estudos jurídicos. Em verdade, pensando que este ambiente possui características próprias e pode apresentar fragilidades na formalização dos contratos eletrônicos, o presente estudo busca analisar estes novos aspectos contratuais. De modo específico, objetiva-se investigar como as contratações eletrônicas formalizadas no metaverso podem impactar em relação à capacidade das partes envolvidas no negócio jurídico.

Ainda, objetiva-se analisar a importância da aplicabilidade do *compliance* contratual para buscar mecanismos práticos de efetivação da validação da capacidade das partes na formalização das contratações eletrônicas no metaverso.

Desta forma, buscando uma abordagem qualitativa, com uma investigação jurídico-descritiva, utilizar-se-á a linha metodológica jurídico-sociológica. Destarte, buscar-se-á compreender como o *compliance* contratual pode ser importante para permitir que os contratos eletrônicos estejam em conformidade com os ditames legais e alcancem a tutela da segurança jurídica das partes envolvidas no ambiente do metaverso.

**Palavras-chave**: Capacidade das partes. *Compliance*. Metaverso. Segurança jurídica. Sociedade da informação.

Escolher.
Acreditar.
Avançar.
**Angelo Figaro**

# DEDICATÓRIA

A Deus, pela benevolência em me conceder esta oportunidade.

Aos meus pais, Marcio e Silvana, pelo apoio incondicional.

À minha irmã, Nathalia, pela leveza e apoio.

À Lhais, pelo incentivo, apoio incondicional e dedicação.

# AGRADECIMENTOS

A Deus, pela benevolência de me conceder essa oportunidade e todas as bênçãos que eram necessárias para chegar até aqui.

Agradeço especialmente ao meu orientador, o Prof. Dr. Jorge Shiguemitsu Fujita, por todos os ensinamentos, dedicação e paciência.

À Professora Dra. Samyra Haydêe Dal Farra Naspolini, por toda a sua dedicação durante a qualificação da dissertação e por sua coorientação.

Aos Professores Ana Elizabeth Cavalcanti e Luiz Eduardo Alves de Siqueira, pelos enriquecedores ensinamentos durante a banca de qualificação, que foram essenciais para a modulação da versão final da dissertação.

Agradeço a toda minha família, pela ajuda e atenção que sempre me dedicaram. Especialmente aos meus pais e minha irmã, pelo apoio incondicional e que souberam compreender as minhas ausências e sempre me apoiaram e incentivaram para o cumprimento desse objetivo.

À minha esposa que sempre me apoiou incondicionalmente durante a realização da dissertação e deste livro, estando comigo durante finais de semana e feriados de estudo. Inclusive, sendo minha revisora, meu incentivo e motivação, acreditando em meu potencial e sendo essencial para esse estudo se tornar realidade.

Ao meu mentor profissional, que soube compreender a

importância desta realização e sempre permitiu que este fosse meu foco.

E por fim, e não menos importante, agradeço a todos os professores, colegas e secretaria do mestrado, pois esse trabalho é resultado de todos os ensinamentos desses dois anos de estudos, e cada um, à sua forma, contribuiu e auxiliou para a sua realização.

# PREFÁCIO

Com o avanço tecnológico nas últimas décadas, a sociedade contemporânea vive uma constante mudança de comportamento. A tecnologia foi introduzida no cotidiano das pessoas, mudando a vida da sociedade e contribuindo para a criação de novos paradigmas. Neste sentido, tem-se a estruturação da sociedade da informação, contribuindo para a constante revolução digital no contexto social.

Uma característica surpreendente dessa nova forma de comunicação, conhecida como mídia digital, é a maneira como a sociedade da informação se apresenta, organiza as trocas de informações por meio de redes, tem mais coleta de informações, economiza tempo e custos. Neste contexto o metaverso é estruturado, como um novo ambiente que busca realizar a interação entre o mundo físico real e o virtual, em verdade, possibilita a interconexão de atividades realizadas em um ambiente virtual estruturado para intensificar a imersão da vivência humana em um ambiente digital.

Especialmente, novas relações contratuais são desenvolvidas neste ambiente, em que o metaverso pode impactar nos moldes negociais. Por conseguinte, busca-se compreender as implicações jurídicas das contratações eletrônicas formalizadas no metaverso. Especificamente, quais são os impactos para os elementos de validade dos negócios jurídicos, como no tocante da capacidade das partes nos contratos eletrônicos no metaverso. Em gravame, a possibilidade de um menor incapaz poder acessar o ambiente do metaverso com os dados do seu representante legal e realizar uma contratação eletrônica, como se de fato fosse o usuário plenamente capaz.

Nesse sentido, a contratação online torna-se uma realidade cotidiana e não deve ser menosprezada pelo mundo jurídico, porque o Direito, como instrumento da administração pública, precisa acompanhar a movimentação social de integralização vivencial no mundo virtual, especialmente, o avanço da realização das negociações dentro do ambiente do metaverso. A realidade em questão exige novas perspectivas para a viabilização de segurança jurídica nos moldes digitais e o *compliance* contratual representa o mecanismo para buscar a legitimidade das contratações eletrônicas formalizadas no metaverso.

Por conseguinte, tem-se como problemática do presente estudo a seguinte questão: Como o *compliance* contratual pode ser aplicado para tutelar a segurança jurídica das partes envolvidas nas contratações eletrônicas formalizadas no metaverso? Cumpre destacar que o objeto de investigação do presente estudo é no sentido da segurança jurídica dos contratantes, e não efetivamente na aplicação de mecanismos práticos para validação da identidade e capacidade das partes, em virtude de que a tutela da segurança jurídica já engloba a validação da capacidade dos contratantes em si. Contudo, a efetivação da segurança jurídica está envolta por outras particularidades, a exemplo de que um contrato eletrônico formalizado no metaverso esteja em conformidade com a autonomia privada das partes, assim como com os demais ditames legais que serão analisados neste estudo.

Portanto, visando a uma investigação propedêutica e didática, a problemática estará estruturada na aplicabilidade do *compliance* contratual para tutelar a segurança jurídica das partes envolvidas nas contratações eletrônicas formalizadas no metaverso, que englobará, consequentemente, a efetiva validação da identidade e capacidade das partes contratantes. De modo específico, o liame científico, em caráter global, guarda a sua relação com o objetivo de investigar a convalidação das novas tecnologias no âmbito da aplicação do *compliance* contratual nos contratos eletrônicos formalizados no metaverso, visando ao alcance da legitimidade da capacidade das partes nas negociações estruturadas no metaverso, e por isso a problemática proposta é essencial para alcançar este objetivo científico.

Desta forma, o presente estudo foi desenvolvido por intermédio de uma abordagem qualitativa, com uma investigação jurídico-descritiva, utilizando a linha metodológica jurídico-sociológica e raciocínio dedutivo, em que se propõe compreender as implicações jurídicas das contratações eletrônicas formalizadas no ambiente do metaverso, como espaço de integralização social. Logo, recorreu-se à pesquisa bibliográfica, por intermédio de materiais doutrinário, literário, legislativo e científico, procurados por meio das palavras-chave e analisados a fim de identificar quais eram mais adequados.

Especificamente, elaborou-se um projeto de pesquisa com as principais diretrizes do estudo, posteriormente sendo analisadas as principais palavras-chave pertinentes ao objeto de estudo pretendido, e então essas palavras-chave foram pesquisadas em diversas fontes com o fim de obter o referencial teórico e bibliográfico. Após a seleção dos materiais, foi elaborada a base teórica, permitindo, assim, a aproximação com o objeto de pesquisa e a possibilitação da estruturação conclusiva do estudo.

Estruturalmente, o presente estudo está dividido em três capítulos, sendo o primeiro destinado a analisar a importância da sociedade da informação no avanço do desenvolvimento social, realizando uma análise conectiva entre os avanços tecnológicos e o desenvolvimento da sociedade da informação. Em especial, a investigação sobre a reformulação das interações sociais e a forma como o consumo é estruturado na sociedade da informação. Em seguida, tem-se a análise da interoperação do metaverso nesta nova realidade do desenvolvimento humano, em que os indivíduos passam a buscar um novo ambiente de convívio social, pautado na perspectiva de representar o mundo físico na virtualidade.

O segundo capítulo busca explorar a contextualização, principiologia e evolução dos contratos de modo geral, para então buscar analisar a estruturação das contratações eletrônicas formalizadas no metaverso. De modo específico, o capítulo busca entender como o instituto contratual foi se transformando durante a sua evolução, alcançando a revolução tecnológica e passando a ser operacionalizado no âmbito eletrônico. Portanto, o capítulo objetiva fazer esta análise panorâmica dentro do objeto do presente estudo, abordando como ocorre a operacionalização das contratações eletrônicas formalizadas no ambiente do metaverso.

Por fim, o terceiro capítulo busca investigar a importância da aplicação do *compliance* contratual para a proteção da segurança jurídica das partes nas contratações eletrônicas formalizadas no metaverso. Especificamente, o capítulo analisa alguns direitos da personalidade que estão no liame dos contratos eletrônicos realizados neste ambiente virtual. Posteriormente, o capítulo apresenta situações hipotéticas em que um menor incapaz pode ter acesso aos dados de acesso do seu representante legal e adentrar indevidamente no metaverso e, em gravame, realizar uma contratação eletrônica como se de fato fosse o usuário legítimo.

Assim, analisam-se as ocorrências dos vícios nos negócios jurídicos que podem implicar na nulidade ou anulabilidade das contratações eletrônicas formalizadas no metaverso. Continuamente, investigam-se as máximas do *compliance,* em sentido amplo, e do *compliance* digital, em sentido estrito, que podem ser aplicadas como bases para a estruturação do *compliance* contratual nas relações negociais formalizadas no ambiente do metaverso. Por fim, o capítulo analisa a importância da aplicação de mecanismos práticos que alcancem a tutela da segurança jurídica das partes envolvidas nas contratações eletrônicas formalizadas no metaverso.

As vertentes estudadas no presente trabalho buscam, de maneira abrangente e metódica, analisar as possibilidades de aplicação do *compliance* contratual e suas vigências nas contratações eletrônicas no metaverso, em verdade, a aplicabilidade das bases do *compliance* contratual em consonância com mecanismos práticos que efetivem a verificação da identidade das partes envolvidas no ambiente do metaverso e estruturem a validade das contratações eletrônicas formalizadas neste ambiente. Realmente, tais inovações tecnológicas trazem inúmeros aspectos legais, que, ao serem analisados nos capítulos por vir, demonstram os inúmeros potenciais desse tipo de mecanismo.

Destarte, o presente estudo buscará compreender como o *compliance* contratual pode ser importante para permitir que os contratos eletrônicos estejam em conformidade com os ditames legais e alcancem a tutela da segurança jurídica das partes envolvidas no ambiente do metaverso. Especialmente, investigar os mecanismos práticos que permeiam a sociedade da informação e podem permitir o alcance da legitimidade da capacidade das partes envolvidas nas contratações eletrônicas formalizadas no metaverso.

# ÍNDICE

# CAPÍTULO 1

## *A IMPORTÂNCIA DA SOCIEDADE DA INFORMAÇÃO NO AVANÇO DO DESENVOLVIMENTO SOCIAL*

O presente capítulo busca tratar da análise conectiva entre os avanços tecnológicos e a formação social, especificamente no que tange aos aspectos da sociedade da informação, as influências na estruturação do metaverso e, consequentemente, o desenvolvimento das contratações eletrônicas neste ambiente virtual. São apresentados conceitos clássicos da sociedade da informação, do desenvolvimento da realidade virtual e do metaverso, de modo específico. Pretende-se, nesse sentido, formar as bases para a apresentação dos impactos das contratações eletrônicas, formalizadas no metaverso, no âmbito da segurança jurídica dos contratantes, conforme será analisado nos capítulos subsequentes.

## 1.1 A SOCIEDADE DA INFORMAÇÃO

O desenvolvimento social está intimamente atrelado ao próprio bem-estar dos indivíduos que compõem a sociedade, e a tecnologia se apresenta como o meio intensificador desse bem-estar social. Em verdade, os indivíduos estabelecem, em um processo evolutivo, mecanismos para possibilitar a concretude do seu próprio desenvolvimento, permitindo que o cerne social se torne dinâmico e constantemente transformador (BAUMAN, 2001, p. 7-15).

Em relação a esta evolução, tem-se a conceituação de sociedade industrial, sendo o poder de produção, como tecnologia, que toma o lugar das relações sociais como eixo principal da sociedade (BELL, 1973, p. 97). Portanto, e em virtude dos altos custos produtivos manufaturados, como os produtos feitos artesanalmente, tem-se a evolução para a fabricação de produtos pautados por tecnologia, como aqueles feitos por máquinas, permitindo um poder de produção. Neste sentido, Daniel Bell (1973, p. 97) determina que as características da sociedade industrial são o capital, o estabelecimento do processo de criação de poupança, a empresa como ponto principal das relações sociais e um conflito, sendo a disputa entre o empregador e os empregados.

Quanto ao método industrial, tem-se que:

> (...) as indústrias de serviços podem ser divididas em vários tipos: aquelas que são serviços diretos à indústria, como transporte e serviços públicos; os responsáveis pela distribuição e comercialização, bem como pelas finanças e seguros; aqueles que prestam serviços técnicos e comerciais, como processamento de dados; as de aplicações recreativas, como viagens, entretenimento, esportes, exposições, incluindo os meios necessários para todas elas; e, finalmente, com os responsáveis pelos serviços públicos, especialmente saúde, educação e governo. Esta última área apresentou grande desenvolvimento desde o final da Segunda Guerra

Mundial. (BELL, 1973, p. 170)

Todavia, em virtude da constante evolução social e a valoração da importância dos meios tecnológicos no cerne social, tem-se a estruturação da sociedade pós-industrial, passando a ser uma sociedade produtora de conhecimento. Fundamentalmente, tem-se que:

> A sociedade pós-industrial é, naturalmente, uma sociedade do conhecimento, de duas maneiras: primeiro, as fontes de novas ideias vêm cada vez mais de pesquisa e desenvolvimento (especificamente, há uma nova relação entre ciência e tecnologia, em o foco do conhecimento teórico); em segundo lugar, o peso da sociedade afeta cada vez mais o campo do conhecimento. (BELL, 1973, p.241)

Neste sentido, tem-se a essencialidade do direito ao desenvolvimento social, sendo que, segundo Cláudia Perrone (1997, p. 72): "Com a formulação do Direito ao Desenvolvimento passou a existir uma confluência entre as questões econômicas e sociais envolvendo a proteção dos direitos humanos já reconhecidas como direitos que acarretam obrigações *erga omnes.*". Neste sentido, faz-se por importante compreender que:

> A sociedade deve ser sustentável, conhecendo seus problemas e buscando soluções, priorizando as ações que se traduzam em resultados no mundo virtual e físico, pois a vida e o exercício da cidadania, o gozo dos direitos e a prática dos deveres se dão, a princípio, no mundo físico, onde também se dão diversos problemas da sociedade. Não se pode então imaginar que a vida nas sociedades contemporâneas vai se dar "apenas" no mundo virtual, que os processos sociais migrarão para esse mundo, e que este deverá substituir o mundo físico. Logo, a sociedade deve ser pensada com base nos dois mundos, que devem se completar, embora a presença física tenha deixado de ser algo imprescindível a diversos processos humanos (individuais ou coletivos), em virtude dos novos instrumentos online. Articular os dois espaços significa tentar fazer o melhor uso coletivo das possibilidades que cada um oferece para a vida em sociedade, o que incita a democracia. (RODRIGUES, 2018, p. 366)

Portanto, a sustentabilidade em questão passa a ser estruturada na dinamicidade das transformações sociais, em

3

que passam a ser estruturadas na intersecção entre o mundo físico e o virtual. Neste sentido, tem-se que:

> Diversos aspectos marcariam, ainda na visão quase profética de Bell, o advento da sociedade pós-industrial como sociedade do conhecimento. De início, os serviços substituiriam os produtos como impulso originário da atividade econômica. Depois, o trabalho estaria baseado no conhecimento e na criatividade mais do que na burocracia, já tão marcante a partir do século 19. As corporações que se queriam numa confortável estabilidade, teriam forçosamente de descobrir a vida na mudança e na inovação, e assim se sentirem à vontade. E, não menos importante, tudo isso teria a informatização da vida como um aspecto hegemônico. (MARTINI, 2017, p. 35)

A informatização, por consequência, torna-se primordial para a desenvoltura dos avanços tecnológicos como mecanismo na dinamização do desenvolvimento social, possuindo elementos que intensificam as transformações sociais (VALLE, 2007, p. 149-152). Especificamente, tem-se o seguinte ensinamento:

> Somos conscientes de que as TIC devem ser consideradas um meio e não um fim em si mesmas. Sob condições favoráveis, essas tecnologias podem ser um instrumento eficaz para aumentar a produtividade, gerar crescimento econômico, criar empregos e fomentar a empregabilidade, melhorando a qualidade de vida de todos. Elas também podem promover o diálogo entre os povos, nações e civilizações. (NÚCLEO DE INFORMAÇÃO E COORDENAÇÃO DO PONTO BR, 2014, p. 18)

A intersecção entre a sociedade e os meios tecnológicos permite o aprimoramento das atividades cotidianas, consequentemente, intensifica o bem-estar social. Neste sentido, tem-se que:

> As novas tecnologias da informação acabam por influir, de forma decisiva, na maneira pela qual esta passa a ser produzida e a circular. As mudanças, grandemente facilitadas a partir das novas tecnologias digitais e sua organização em redes de computadores, tendem a romper com a cultura de massa predominante até então, permitindo que uma parcela da população, detentora de seus códigos de acesso, interaja ponto a ponto, em oposição às formas existentes de comunicação de

> massa e seus preceitos unidirecionais. Assim, para esta parcela social, torna-se mais fácil uma relativa ruptura com a antiga forma unidirecional da informação e sua conseqüente padronização de conteúdo, próprio da cultura de massa. Também permite a comunicação de um para um, ou de muitos para muitos e, como conseqüência, possibilita o acesso à "cultura informacional", na qual o indivíduo, em muitos casos, deixa de ser apenas receptor para tornar-se um selecionador de conteúdo. (BERNARDI, 2007, p. 41)

Fundamentalmente, tem-se que:

> A aceleração das Tecnologias é tão forte e tão generalizada que até mesmo os mais "ligados" se encontram, em graus diversos, ultrapassados pela mudança, já que ninguém pode participar ativamente da criação das transformações do conjunto de especialidades e técnicas, nem mesmo seguir essas transformações de perto. (LÉVY, 1999, p. 30).

Em verdade, a dinamicidade dos avanços tecnológicos intensifica a forma como os indivíduos passam a realizar as interações cotidianas. Neste sentido, tem-se que:

> O registro histórico das mudanças tecnológicas (...) mostra que todas elas se caracterizam por sua disseminação, ou seja, por sua penetração em todas as esferas da atividade humana, não como fonte externa de influência, mas como um tecido em que o trabalho é usado. (CASTELLS, 2001, p. 21)

Portanto, a intersecção das mudanças tecnológicas com o cerne social e a consequente transformação desses relacionamentos sociais está intrinsecamente relacionada com as Tecnologias de Informação e Comunicação, em que:

> Reconhecemos que a educação, o conhecimento, a informação e a comunicação são essenciais para o progresso, o empenho e o bem-estar humano. Além disso, as Tecnologias de Informação e Comunicação (TIC) têm um imenso impacto em praticamente todos os aspectos de nossas vidas. O rápido progresso dessas tecnologias abre oportunidades sem precedentes para alcançar níveis mais elevados de desenvolvimento. A capacidade das TIC de reduzir muitos obstáculos tradicionais, especialmente aqueles de tempo e distância, torna possível, pela primeira vez na história, a utilização do potencial que tais tecnologias têm para o benefício de milhões de pessoas em todo o mundo. (NÚCLEO DE

INFORMAÇÃO E COORDENAÇÃO DO PONTO BR, 2014, p. 18)

As Tecnologias de Informação e Comunicação, consequentemente, intensificam as interações cotidianas no cerne social, a exemplo da permissibilidade da transmissão informacional por meio da rede mundial de computadores (internet), em que os indivíduos passam a instantaneamente se conectar com ambientes de diversas localidades (BENACCHIO; OLIVEIRA, 2017, p. 2-5). Segundo Kohn e Moraes (2007, p. 2), a informação é a transmissão de mensagens significativas, comum entre o emissor (quem produz a mensagem) e o sujeito (quem recebe a mensagem), com a ajuda da tecnologia que interconecta essa mensagem. Portanto, verifica-se que todas as informações são fornecidas com consciência, intenção e propósito, quando transmitidas do remetente ao interlocutor (KOHN; MORAES, 2007, p.2).

De modo específico, a sociedade perpassa pela denominada Era Digital, em que computadores ocupam um espaço significativo e importante no atual modelo de sociedade humana que organiza todas as esferas da sociedade, comércio, política, serviços, entretenimento, conhecimento, relacionamentos (KOHN; MORAES, 2007, p. 5). A internet, por consequência, possui uma importante influência nesta cultura informacional e na intensificação da interação social. Desta forma, tem-se que:

> Assim, a internet é a interligação de redes de computadores espalhadas pelo mundo, que passam a funcionar como uma só rede, possibilitando a transmissão de dados, sons e imagens de forma rápida. Essa interligação de redes pode ser feita por sistema telefônico de cabos de cobre ou de fibras óticas, por transmissão via ondas de rádio ou via satélite, por sistema de televisão a cabo etc. (TEIXEIRA, 2007, p. 9)

Portanto, a internet passa a ser uma importante ferramenta para permitir a dinamicidade nas comunicações sociais, principalmente por ser uma tecnologia que possibilita a intercomunicação de forma instantânea. Operacionalmente, faz-se importante compreender que:

> O primeiro eixo diz respeito à implantação de infraestrutura de banda larga nas diversas regiões do país, disponibilizando acesso à internet, sendo representado, principalmente, pelo Programa Nacional de Banda Larga. O segundo eixo, diz respeito à disponibilização de acesso público e gratuito à internet pela implantação dos centros públicos, os Telecentros, e concentra a maioria das ações de inclusão, sendo representado, principalmente, pelos Telecentros e Programa Gesac. O terceiro eixo diz respeito à implantação de redes metropolitanas de alta velocidade em prefeituras, fornecimento de aplicativos de governo eletrônico e disponibilização de pontos de acesso à internet para uso livre e gratuito em espaços públicos, sendo representado pelo Programa Cidades Digitais. O quarto eixo, diz respeito ao apoio a atividades e projetos de formação e capacitação que visem à promoção do uso das TIC; este eixo é representado por diversas ações, entre elas, o programa Redes Digitais da Cidadania, que apoia projetos de universidades em áreas temáticas relacionadas ao uso de TIC, e o Projeto Computadores para a Inclusão, que apoia projetos de instituições que executam ações de formação (como a oferta de oficinas, cursos e treinamentos) e de trabalho técnico em recondicionamento e manutenção de equipamentos de informática. (RODRIGUES, 2018, p. 163)

Em complementação, tem-se que:

> Como não poderia deixar de ser, uma vez que a Internet é essencialmente um canal de relacionamento humano, o Direito e seus estudiosos têm despertado crescente interesse por ela e, claro, pelas consequências jurídicas que seu uso produz. E mais e mais casos concretos têm sido levados a juízo, envolvendo o que podemos chamar de fatos informáticos. Assim, mostra-se impossível ao moderno estudioso do Direito desconhecer minimamente alguns aspectos propriamente tecnológicos, como se a aplicação da norma jurídica pudesse ser realizada a contento apesar da completa ignorância acerca do fato por ela regulado; ou, ainda, quem quer que pretenda enveredar seus estudos sobre o chamado Direito da Informática, não pode prescindir do conhecimento sobre o fato sobre o qual incide a norma. O avanço tecnológico propiciou fatos novos, ou modos variantes, talvez com alguns detalhes próprios, de se realizar fatos e atos já antes conhecidos, regulados pelo Direito e amplamente

> praticados na sociedade. E assim passa a ser exigida dos operadores do Direito uma compreensão mínima desses novos fatos e, para tanto, das tecnologias envolvidas. (2016, p.13)

Portanto, compreende-se que a internet é essencial para a estruturação da sociedade da informação, que será posteriormente analisada, em virtude de que a dinamização das comunicações sociais passa a ser determinante para a própria continuidade das transformações tecnológicas. Neste sentido, Pierre Lévy ensina que:

> O ciberespaço encoraja um estilo de relacionamento quase independente dos lugares geográficos (telecomunicação, telepresença) e da coincidência dos tempos (comunicação assíncrona). Não chega a ser uma novidade absoluta, uma vez que o telefone já nos habituou a uma comunicação interativa. Com o correio (ou a escrita em geral), chegamos a ter uma tradição bastante antiga de comunicação recíproca, assíncrona e à distância. Contudo, apenas as particularidades técnicas do ciberespaço permitem que os membros de um grupo humano (que podem ser tantos quantos se quiser) se coordenem, cooperem, alimentem e consultem uma memória comum, e isto quase em tempo real, apesar da distribuição geográfica e da diferença de horários. O que nos conduz diretamente à virtualização das organizações que, com a ajuda das ferramentas da cibercultura, tornam-se cada vez menos dependentes de lugares determinados, de horários de trabalho fixos e de planejamentos a longo prazo. (1999, p.52)

Lévy continua abordando a temática e contextualizando o encorajamento de um estilo de relacionamentos criados em bases que buscam a independência das limitações geográficas, explicando que:

> A causa disso é simples: o ciberespaço dissolve a pragmática da comunicação que, desde a invenção da escrita, havia reunido o universal e a totalidade. Ele nos leva, de fato, à situação existente antes da escrita — mas em outra escala e em outra órbita — na medida em que a interconexão e o dinamismo em tempo real das memórias online tornam novamente possível, para os parceiros da comunicação, compartilhar o mesmo contexto, o mesmo imenso hipertexto vivo. (1999, p. 125)

Por conseguinte, a referida dinamização do ciberespaço é essencial para a dinamização das redes sociais, em que os indivíduos passam a interagir socialmente dentro de redes interconectadas digitalmente. Neste sentido, tem-se que:

> O advento das Redes Sociais Digitais possibilitou a transposição de inúmeras formas de interações interpessoais decorrentes da vida offline para vida on-line. Indivíduos reelaboraram constantemente suas formas de se relacionar com o tempo e o espaço, criando novas maneiras de socialização em rede. A interação permitida pelo uso de dispositivos e as potencialidades das Tecnologias de Informação e Comunicação (TICs) tem contribuído para repensar as dinâmicas sociais, de modo que, "[...] pensar a tecnologia, nesta era do pós-digital, significa implicá-la nas táticas e estratégias do poder.". (SANTAELLA, 2016, p. 11)

A sociedade da informação surge propriamente nesta transformação de paradigmas, sendo importante compreender que:

> O conceito de Sociedade da Informação surgiu nos trabalhos de Alain Touraine (1969) e Daniel Bell (1973) sobre as influências dos avanços tecnológicos nas relações de poder, identificando a informação como ponto central da sociedade contemporânea. A definição de Sociedade da Informação deve ser considerada tomando diferentes perspectivas. (TAKAHASHI, 2000, p. 31)

No mesmo sentido, tem-se que:

> "Sociedade da informação", também denominada de "sociedade do conhecimento", é expressão utilizada para identificar o período histórico a partir da preponderância da informação sobre os meios de produção e a distribuição dos bens na sociedade que se estabeleceu a partir da vulgarização das programações de dados utiliza dos meios de comunicação existentes e dos dados obtidos sobre uma pessoa e/ou objeto, para a realização de atos e negócios jurídicos. (LISBOA, 2020, p. 11)

A sociedade, portanto, perpassa as impostas barreiras digitais e passa a alcançar a intersecção cotidiana entre a tecnologia e a informação (MARGATO; BARBOSA, 2020, p. 1-2). Fundamentalmente, conforme ensina Castells (2001, p.

21): "(...) sociedade contemporânea atravessa uma verdadeira revolução digital em que são dissolvidas as fronteiras entre telecomunicações, meios de comunicação de massa e informática.". Por consequência, importante compreender que, segundo Siqueira Júnior (2007, p. 2):

> A sociedade da informação é aquela em que o desenvolvimento encontra-se calcado em bens imateriais, como os dados, informação e conhecimento. O conceito de sociedade da informação é amplo, e não se reduz ao aspecto tecnológico, abrangendo qualquer tratamento e transmissão da informação, que passa a possuir valor econômico.

No âmbito nacional, a contextualização dessa evolução social pode ser verificada por intermédio do Livro Verde da Sociedade da Informação no Brasil (BRASIL, 2000), sob a égide de três fatores estruturais, sendo a convergência da base tecnológica, a dinâmica da indústria eletrônica e no crescimento exponencial da população com acesso à rede de internet. Nestes termos, tem-se a compreensão que a sociedade da informação está pautada na verdadeira revolução digital preceituada por Castells (2001, p. 21), sendo a superação das fronteiras entre a tecnologia, a informação e a comunicação. Neste panorama, tem-se que:

> A conectividade é um fator habilitador central para a construção da Sociedade da Informação. O acesso universal, ubíquo, equitativo e a preços acessíveis à infraestrutura e serviços das TIC constitui um dos desafios da Sociedade da Informação e deve ser o objetivo de todos os setores envolvidos na sua construção. A conectividade também envolve acesso a serviços postais e de energia, que devem ser assegurados em conformidade com a legislação interna de cada país. (NÚCLEO DE INFORMAÇÃO E COORDENAÇÃO DO PONTO BR, 2014, p. 23-24)

No mesmo sentido, tem-se que:

> A sociedade da informação não é um modismo. Representa uma profunda mudança na organização da sociedade e da economia, havendo quem a considere um novo paradigma técnico-econômico. É um fenômeno global, com elevado potencial transformador das atividades sociais e econômicas, uma

vez que a estrutura e a dinâmica dessas atividades inevitavelmente serão, em alguma medida, afetadas pela infraestrutura de informações disponível. É também acentuada sua dimensão político-econômica, decorrente da contribuição da infraestrutura de informações para que as regiões sejam mais ou menos atraentes em relação aos negócios e empreendimentos. Sua importância assemelha-se à de uma boa estrada de rodagem para o sucesso econômico das localidades. Tem ainda marcante dimensão social, em virtude do seu elevado potencial de promover a integração, ao reduzir as distâncias entre pessoas e aumentar o seu nível de informação. (TAKAHASHI, 2000, p. 31)

A conectividade, portanto, apresenta-se como elemento estruturante para efetividade da sociedade da informação, em que os indivíduos precisam de recursos para permitirem que a dinamização das comunicações sociais esteja alcançável. Em verdade, tem-se que:

Trata-se de um processo complexo que atravessa as mais diversas áreas da vida social, da globalização dos sistemas produtivos e financeiros à revolução nas tecnologias e práticas de informação e comunicação, da erosão do Estado nacional e redescoberta da sociedade civil ao aumento exponencial das desigualdades sociais, das grandes movimentações transfronteiriças de pessoas como emigrantes, turistas ou refugiados, ao protagonismo das empresas multinacionais e das instituições financeiras multilaterais, das novas práticas culturais e identitárias aos estilos de consumo globalizado. (SANTOS, 2011, p. 12)

Da mesma forma, as atividades econômicas cotidianas precisam estar estruturadas na interconexão com os meios tecnológicos, conforme ensina Barreto (2007, p. 5):

Uma análise mais contemporânea deve incorporar ao conceito a discussão sobre o conteúdo das comunicações que se materializam por intermédio da informatização, assim como atentar para questões ligadas à progressiva integração econômica e tecnológica de setores há pouco tempo distintos e independentes, o que se convencionou a nomear de convergência tecnológica. Esse novo fenômeno é reflexo de algumas das principais características observáveis na sociedade contemporânea que atravessa uma verdadeira revolução digital em que são dissolvidas as fronteiras entre telecomunicações, meios de comunicação de massa e informática.

Todavia, a revolução digital nem sempre foi compreendida de forma favorável, conforme seguinte ensinamento:

> A circulação e o fluxo de informações se potencializam por certo com o advento da infraestrutura da informação, e sua face mais tangível é a rede, a sociedade em rede. Antes da sociedade da informação, do mundo da internet – digamos assim por didatismo –, o mundo dos computadores, dos cérebros eletrônicos da cibernética, era visto como algo aterrorizador, posto que faria da vida comum algo mecânico e frio. Nos anos 1950/60, tudo isso se resumia a certo automatismo e à robotização; era o império de uma ciência cibernética como saber do controle e da automação. A tecnologia seria algo unidimensional e mesmo alienante por definir a natureza humana. (MARTINI, 2017, p. 36)

Por conseguinte, permite-se verificar que, dependendo da perspectiva a ser analisada, a referida preocupação pode ser fazer presente. Contudo, considerando o escopo do presente estudo, faz-se por necessária focalizar no sentido de que a contemporânea circulação e fluxo de informações potencializam o desenvolvimento social e, consequentemente, a convergência tecnológica revalida a própria revolução digital elencada por Castells (2001, p. 21). Especificamente, tem-se que na revolução tecnológica:

> (...) usuários e criadores podem se tornar a mesma coisa (...) usuários podem controlar a tecnologia como acontece na Internet (...) pela primeira vez na história, a mente humana é uma força direta de produção, não apenas um fator determinante no processo produtivo. (CASTELLS, 2001, p. 52)

Exemplificação desse fator pode ser estruturada na análise do período pandêmico da COVID-19, em que a população, em virtude das restrições das interações sociais, fora condicionada a utilizar os avanços tecnológicos para realizar compras no ambiente virtual (BELK, 2020, P. 640-642). Em complementação, a tecnologia digital modulada na sociedade da informação possibilitou uma nova dimensão comercial, uma vez que transmissão, preservação e acesso a informações mudam a economia, a política e a comunidade (KHON; MORAES, 2007, p. 5). De modo específico, o ponto mais importante desta dimensão não é a tecnologia em si, mas a capacidade de se conectar, de construir uma rede.

Em verdade, a referida conexão se torna importante para a capacidade da dimensão comercial poder se adaptar as constantes transformações tecnológicas. Assim, a informação pode ser compartilhada em uma economia cada vez mais interconectada, em que a rede potencializadora da interconexão entre comunidades globais permite o constante compartilhamento de informações diversificadas (MARTINI, 2017, p. 43). Neste sentido, conforme alude Greg Satell (2015, *online*) "Em uma era de ruptura, a única estratégia viável é se adaptar, e a capacidade de fazer mudanças em plataformas e ecossistemas está se tornando uma habilidade empresarial nuclear". Por consequência, a adaptabilidade se mostra como essencial para o âmbito da sociedade da informação, em virtude de a permissibilidade de uma empresa conseguir se manter no mercado.

O desenvolvimento de novas tecnologias no campo da tecnologia da informação substituiu os meios presentes nos mercados retrógrados, devido à globalização, velocidade e agilidade dos processos de produção e as taxas atuais de mercado (KHON; MORAES, 2007, p. 5). Em verdade, conforme ensina Mattelart (2001, p. 52), o campo técnico-informacional se tornou a base de um projeto geopolítico que permite a constante transmissão de informações, no âmbito dos valores da democracia de mercado.

No mesmo sentido, conforme ensina Gilles Lipovetsky (2007, p. 17), tem-se que a transformação da sociedade contemporânea ocidental se deu em três grandes etapas: sendo a primeira marcada pela formação de uma sociedade de consumo, ocorrendo a padronização dos produtos a serem consumidos, bem como a construção da ideia por trás da marca; a segunda etapa foi marcada pelo segundo pós-guerra, sendo estruturada pela massificação do consumo, cujo ponto central arquiteta-se pela democratização de inúmeros desejos, com a ampliação das possibilidades de distribuição e de consumo, visando principalmente a sedução do consumidor, com as promessas de melhoria de vida; e, por fim, a terceira etapa foi caracterizada pelo consumo globalmente potencializado, no qual o consumo é propagado de forma desenfreada, objetivando a busca de uma satisfação pessoal e direta que nunca será alcançada, em virtude de estruturar aspirações emocionais aos consumidores recriadas a todo instante, culminando na chamada sociedade de hiperconsumo, cuja marca notória é a efemeridade dos bens nela produzidos, conduzindo a ampliação da intensidade e das velocidades das relações consumeristas (LIPOVETSKY, 2007, p. 17).

Portanto, nesta ótica do constante acesso a uma grande rede de informações em tempo real, com a troca e referenciação de dados a qualquer momento, juntamente com a intensificação do consumismo, tem-se a formalização da sociedade da informação na contemporaneidade. Por conseguinte, verifica-se na atualidade mecanismos de integração entre a tecnologia e os mais variados campos sociais. Neste particular, novos mecanismos tecnológicos surgem dentro da sociedade, como é o caso do metaverso, portanto, cumpre analisar a interoperação social desenvolvida dentro deste ambiente virtual, nas bases evolutivas da sociedade da informação.

## 1.2 A INTEROPERAÇÃO DO METAVERSO NA SOCIEDADE DA INFORMAÇÃO

A sociedade da informação, conforme analisado, representa a mudança cultural na própria forma vivencial da humanidade, em que novos aspectos jurídicos são estruturados. Especificamente, o próprio consumo na sociedade da informação passa a ser modificado, pautado em um novo anseio por parte do consumidor, que passa a preferir a realização de compras dentro do ambiente virtual. Portanto, previamente a análise da interoperação do metaverso na sociedade da informação, é imperativo compreender a operacionalização do comércio eletrônico (*e-commerce*). Conceitualmente, tem-se que:

> (...) comércio eletrônico é uma extensão do comércio convencional (como veremos com maior profundidade adiante), tratando-se de um ambiente digital em que as operações de troca, compra e venda e prestação de serviço ocorrem com suporte de equipamentos e programas de informática, por meio dos quais se possibilita realizar a negociação, a conclusão e até a execução do contrato, quando for o caso de bens intangíveis. (TEIXEIRA, 2015, p. 25)

Em outra conceituação, tem-se que o *e-commerce* envolve diversas empresas globais, alcançando culturas variadas, por intermédio da conectividade com a internet, em que requer estratégias personalizadas com múltiplas abordagens de publicidade e novas abordagens para a venda e distribuição de produtos digitais (SCHNEIDER, 2013, p. 14). No mesmo sentido, Andreza Baggio (2022, p. 29) ensina que: "(...) o comércio eletrônico nada mais é do que uma forma diferenciada de realização de transações comerciais, e diferenciada porque tem a tecnologia, a internet como base.".

Portanto, o *e-commerce* por intermédio de diversas

plataformas e diferentes agentes permite uma nova forma de estruturar relações comerciais, pautadas na interconectividade da rede, permitindo que compras possam ser realizadas de forma globalizada. O alcance global é uma importante característica do comércio eletrônico, em virtude de dinamizar as relações de consumo, em que um indivíduo pode comprar um produto em outro país e o receber em sua residência, sem sair de sua casa.

Neste sentido, importante compreender os tipos de hospedagem do *e-commerce*, em que os itens precisam ser exibidos de forma atraente, assim como se tem a necessidade de processar as transações de venda de forma eficiente (STEFANO; ZATTAR, 2016, p. 65). No *e-commerce* existem a hospedagem interna, a web e a compartilhada, sendo a primeira quando a empresa opta por executar servidores internos; a segunda quando a empresa contrata um prestador de serviços, para que a hospedagem seja alocada em um servidor externo; e tem-se a hospedagem compartilhada, em que um servidor poderá hospedar diversos *websites* simultaneamente, sendo operado pelo provedor de serviço (STEFANO; ZATTAR, 2016, p. 66). Portanto, o *website* de um *e-commerce* precisa ser constantemente verificado e testado, em que a manutenção dos sistemas é essencial para monitorar e adaptar o local às mudanças do mercado (STEFANO; ZATTAR, 2016, p. 66).

Por conseguinte, o metaverso possui grande conexão com o *e-commerce*, em razão de que este ambiente virtual passa a ter em seu âmbito a operacionalização de compras eletrônicas. Assim, impõe-se compreender este ambiente, em que o metaverso, literalmente uma combinação do prefixo "meta" (significando transcendência) e o sufixo "verso" (abreviação de universo) (LEE *et al.*, 2021, p. 1), é um mundo gerado por computador com um emaranhado de valores alinhado com um sistema econômico independente idêntico ao mundo físico (SANCHEZ, 2007, p. 1.240). O termo metaverso foi cunhado por Neil Stephenson em seu romance de ficção científica de 1992, "Avalanche" (XU *et al.*, 2022, p. 1). Neste romance, os humanos no mundo físico entram e vivem em um metaverso (mundo virtual paralelo) por meio de um avatar digital (semelhante ao eu físico do usuário) por meio de um dispositivo de realidade virtual (XU *et al.*, 2022, p. 1).

O metaverso pode parecer, em primeira análise, como uma simples abstração do mundo físico, neste sentido:

> Nesse processo contínuo de crescente abstração daquilo que determina a nossa existência e a qualidade de nossas vidas, a tecnologia (especialmente as cognitivas, que favorecem a comunicação e o pensamento) é o grande catalisador: quanto mais poderosa ela se foi se tornando, mais profunda e rapidamente a nossa realidade foi se transformando, culminando no surgimento da era digital. (GABRIEL, 2022, p. 122)

Todavia, e em virtude da constante transformação da realidade, o metaverso possui uma conceituação ampla e que pode impactar em diversos setores sociais, inclusive no campo jurídico. Em verdade, a ascensão do metaverso ocorre justamente por essa constante transformação da realidade, conforme seguinte ensinamento:

> A partir da era digital, essa jornada evolutiva de abstração ganha um novo patamar: a introdução das tecnologias digitais em nossas vidas trouxe a possibilidade de nos expandirmos – corpos e mentes – para além do nosso corpo biológico orgânico, ampliando ainda mais a nossa existência e as nossas realidades. (GABRIEL, 2022, p. 122)

Portanto, a vivência humana contemporânea demanda diversas atividades que são realizadas no ambiente digital, perpassando as conectividades presentes na sociedade da informação, conforme estruturado no tópico anterior. Fundamentalmente:

> Dessa forma, o digital vem progressivamente permeando e determinando a experiência humana, absorvendo atividades que antes pertenciam apenas à dimensão física, como é o caso de jogos, música, filmes, compras (mesmo de bens tangíveis), relacionamentos etc. Com

> a aceleração tecnológica contínua em que vivemos, esse processo tende a transferir cada vez mais partes de nossas vidas para o ambiente digital, deslocando continuamente o polo de valor para as realidades mistas. (GABRIEL, 2022, p. 122)

A interoperabilidade da vivência humana com o mundo digital é essencial para desconstituir a ideia de abstração do metaverso, visto que este ambiente busca justamente a integração entre o mundo físico e o digital. Em verdade, desde sua primeira aparição, o conceito de metaverso continuou a evoluir, com várias descrições como presente no jogo *Second Life* (segunda vida), nos mundos virtuais 3D e nos filmes que registram esse estilo de vida virtual (BRUUN; STENTOFT, 2019, p. 432). Portanto, é imprescindível compreender objetivamente a conceituação do metaverso. Especificamente, tem-se que:

> Esse ambiente nebuloso que nos envolve, misturando e abraçando tanto o mundo físico quanto o digital, fluindo entre eles e utilizando recursos de ambos para possibilitar experiências personalizadas e poderosíssimas, é o que denominamos metaverso. Apesar de o termo ter se originado na ficção científica há 30 anos, em 1992, na obra *Snow Crash* (Nevasca), de Neal Stephenson, e do conceito ter sido explorado intensamente em filmes de ficção como *Matrix* e *Jogador nº 1*, a evolução tecnológica da era digital nas últimas décadas foi gradativamente criando a infraestrutura para o metaverso se desenvolver, e assim ele foi passando da ficção para a realidade e ganhando corpo em nossas vidas. (GABRIEL, 2022, p. 123)

Em outras palavras, tem-se que:

> O conceito de metaverso é inovador, quase uma proposta de imersão em filmes que, há pouco tempo, eram considerados de ficção científica; traz consigo um conteúdo imaginário e futurista, que propõe uma conexão entre o mundo real e o virtual, ou melhor, a vida em um mundo virtual, em razão de nossa real existência. É, portanto, um novo mundo (virtual), em que as pessoas são investidas em seus avatares digitais para realizar as mais diversas atividades relacionais e até mesmo negócios jurídicos, como por exemplo, adquirir

propriedades, firmar contratos, realizar compras de varejo, dentre outros. (PIRONTI; KEPPEN, 2021, p. 58)

Desta forma, a caracterização do metaverso está justamente na interconexão entre o mundo físico e o digital, permitindo que os usuários possam vivenciar no ambiente virtual experiências personalizadas, como se estivessem as vivendo no próprio mundo físico. Em outras palavras, tem-se que:

> O objetivo final do metaverso é parecer tanto visual quanto sensorialmente com a realidade física, permitindo que seu avatar se mova livremente, interaja com outros avatares e acesse as informações disponíveis em um ambiente 3D igual o faria no mundo real. As interações nesse ambiente afetarão, ao mesmo tempo, o estado pessoal do próprio usuário e o estado dos demais que frequentam o metaverso. *(tradução nossa[11])* (WINTERS, 2021, p. 10)

Estruturalmente, tem-se que:

> Por sua natureza fluida e integrada, o metaverso permite, de forma orgânica, os fluxos das experiências entre o *ON* e o *OFF* – em outras palavras, transações híbridas –, tornando-se, assim, o ambiente propício para o colapso das fronteiras entre físico e digital. Desse modo, o metaverso se configura, cada vez mais, em um universo de realidades mistas, permitindo extrair o máximo potencial que a noosfera (cada vez maior e mais densa) e o cibridismo (cada vez mais profundo) podem oferecer, complementando e expandindo as dimensões físico-materiais tangíveis da vida.

> É importante notar que uma das principais diferenças entre as realidades físicas e as realidades mistas é que, enquanto a primeira é limitada, impondo-se da mesma forma a todos, a segunda é personalizável e ilimitada, permitindo customizações infinitas com quaisquer combinações de configurações físico-digitais em função das necessidades e preferências de cada indivíduo. (GABRIEL, 2022, p. 124)

Portanto, para a compreensão do metaverso é importante estruturar que este ambiente é responsável por buscar a integração entre o físico e o digital, configurando um universo de realidades mistas e permitindo experiências personalizáveis que não seriam possíveis isoladamente no mundo físico. Na prática, tem-se que:

> Não se tem muitas certezas acerca do metaverso, porém uma das mais claras é que ele revolucionará a maneira como nossa sociedade consome. O metaverso oferecerá incontáveis oportunidades de novos negócios, produtos e maneiras de se conectar com consumidores e clientes em potencial. Prevê-se que propagandas se tornarão mais imersivas e certeiras em relação ao seu público-alvo e que produtos evoluirão em uma velocidade jamais imaginada, devido a um status de feedback constante. (MARTINS *et al.*, 2022, p. 47)

Didaticamente, o metaverso é pensado como um espaço virtual compartilhado totalmente imersivo, hiper temporal e autossustentável que mistura os mundos ternários físico, humano e digital (NING *et al.*, 2021, p. 1-2). De modo específico, tem-se que:

> Parte da nova Era da internet, a Web 3.0, o metaverso é baseado no princípio da descentralização da internet, outro conceito à primeira vista muito distante. A Web3, como foi apelidada, será formada por redes controladas pela própria comunidade de usuários e criadores de conteúdo, com a promessa de entregar uma maior capacidade de gestão de recursos, maior segurança de dados e maior responsabilização por atos individuais online. Apesar de não ser possível afirmar que a referida Era já começou, elementos essenciais para o funcionamento de uma internet descentralizada estão sendo constantemente desenvolvidos e aplicados, aproximando-a da realidade, como a atuação central de Organizações Autônomas Descentralizadas (DAO, do inglês *Decentralized Autonomous Organizations*), que se guiarão por normas estipuladas em contratos inteligentes autoexecutáveis (*smart contracts*) e entidades auto-governadas, criptomoedas e sistemas baseados em blockchain. (MARTINS *et al.*, 2022, p. 36)

Portanto, seguindo a revolução da web e da internet móvel, como um conceito ainda em construção, o metaverso é considerado um paradigma em evolução para a internet da próxima geração, na qual os usuários podem viver como nativos digitais e vivenciar vidas alternativas virtualmente (GRIDER; MAXIMO, 2021, p. 2). Para compreender esta evolução, é importante abordar que:

> A internet da atualidade pode ser considerada uma rede global que surgiu em 1990, pensada para ser um novo meio de comunicação que substituiria a imprensa tradicional: jornais, revistas, livros, rádio, televisão e cinema que dependiam de HTML para prover informações via texto. A fase chamada de Web 1.0 foi marcada por interações extremamente limitadas (...)

> Muito daquilo que é comum em termos de internet diz respeito à Web 2.0, a segunda fase da internet. A Web 2.0 surgiu em meados de 2004, tendo como característica fundamental o conteúdo gerado pelo usuário e a interatividade — interatividade tanto entre usuários quanto entre usuário e empresas detentoras dos domínios. Esta fase também é marcada pela propriedade de domínios da internet, ou centralização; empresas como a Meta, o Reddit, o Google e o Twitter são proprietárias das plataformas hospedeiras de marketplaces digitais e dos conteúdos gerados pelos usuários, bem como estão sujeitas ao controle de agências reguladoras estatais. (...)

> A próxima etapa, diz-se, é a Web 3.0, a Era da descentralização de conteúdo, que virá para revolucionar a maneira como tratamos a gestão de ativos digitais. Nela, os usuários poderão produzir, possuir e monetizar seu conteúdo, utilizando tecnologias baseadas em *blockchain* (pública e privada) e *descentralized finance* (DeFi) para gerir seus próprios negócios, independentemente da intervenção das grandes empresas que, até então, controlavam o fluxo de informações na internet. (MARTINS *et al.*, 2022, p. 43-44)

O metaverso, por consequência, para ser operacionalizado precisa de uma arquitetura para a sua construção que demanda tecnologias que possam transcorrer essa evolução da web. Especificamente, o ambiente do metaverso precisa do realismo tecnológico, ainda, necessita de tecnologias que permitam a concomitância entre o acesso no ambiente e a identidade dos usuários, sequencialmente, necessita de tecnologias que implantem a interação entre conteúdos e experiências que ocorram em diferentes mundos virtuais, exigindo assim tecnologias que promovam o crescimento constante dos ambientes virtuais do metaverso (MARTINS *et al.*, 2022, p. 38).

Não é objeto do presente estudo compreender como a arquitetura da operacionalização do metaverso será estruturada, visto que esta análise demanda uma tratativa técnica e especializada. Contudo, faz-se importante discorrer que:

> Pouco a pouco, fomos conquistando as várias dimensões do metaverso, e hoje vivemos todas e cada uma delas fundidas à realidade física: 1D (por exemplo, textos, imagens, *audio only* etc.); 2D (por exemplo, videoconferências); e 3D (por exemplo, realidade aumentada, virtual, mistas). Se outrora, em 2003, o metaverso 3D existia apenas em ambientes restritos específicos e isolados, como o Second Life, agora, em função do desenvolvimento e da disseminação de tecnologias *blockchain*, é possível integrar e fluir dados integrando as várias dimensões do metaverso, possibilitando todo tipo de transações – fungíveis, não fungíveis, tangíveis e intangíveis – englobando tudo, ampliando possibilidades e passando, assim, a ser o nosso universo. (GABRIEL, 2022, p. 123)

Desta forma, verifica-se que o ambiente do metaverso tem a sua operacionalização em diversas dimensões que, conjuntamente, possibilitam a aproximação do mundo físico e o digital, como a permissibilidade de realizar uma compra neste ambiente, temática que será analisada posteriormente. Por ora, impõe-se compreender que o metaverso incorpora várias tecnologias emergentes, a exemplo da inteligência artificial, em que:

> Assim, quanto mais possibilidades digitais existirem para configurar a realidade, mais personalizável e individualizada ela tende a ser, e maior a quantidade de realidades simultâneas passam a poder coexistir. Se, por um lado, isso traz um potencial incomensurável para a vida humana, por outro, ao mesmo tempo, amplia

> a complexidade do tecido social, cada vez mais misto, múltiplo e interligado – e é exatamente aqui que entra a IA.
>
> A IA possibilita não apenas a gestão da complexidade, que permite a existência e a evolução do metaverso, como também, e principalmente, adiciona e expande a inteligência nesse universo, impulsionando gradativamente a formação de um emergente *super smart world*, onde tudo tende a se tornar seres super smart – os seres humanos e o ambiente –, transformando completamente a realidade como a conhecemos hoje. (GABRIEL, 2022, p. 125)

Nestes termos, verifica-se que as evoluções tecnológicas permitem que o ambiente do metaverso possa ser operacionalizado com a maior quantidade de realidades simultâneas, permitindo a própria evolução do metaverso. Especificadamente, dentro do escopo do presente estudo, é fundamental compreender que a operacionalização do metaverso requer mecanismos específicos, especialmente o espelhamento do mundo real, realidade virtual (VR) e realidade aumentada (AR), para fornecer uma experiência 3D imersiva (LEE *et al.*, 2021, p. 1). Estas tecnologias são essenciais para que a arquitetura do metaverso possa ser desenvolvida e permita o alcance dos objetivos supramencionados, especificamente, a interconexão entre o mundo físico e o digital.

Portanto, a internet 5G, juntamente com latência ultra alta e conectividade confiável, é fundamental para dispositivos embarcados em mundos virtuais, como sensores vestíveis e interfaces cérebro-computador, que permitem que usuários/avatares interajam em mundos virtuais (LEE *et al.*, 2021, p. 1). Da mesma forma, a inteligência artificial pode permitir a criação e renderização do mundo virtual em larga escala, enquanto a tecnologia *blockchain* e os tokens não fungíveis (*NFTs*) desempenham um papel importante na determinação de direitos autênticos para os ativos do mundo virtual (XU *et al.*, 2022, p. 2-5).

Complementarmente, tem-se a essencialidade dos algoritmos para a operacionalização da sistemática do metaverso. Neste sentido, os algoritmos são indispensáveis em diversas áreas da sociedade, especialmente para a comunicação digital e o funcionamento das modernas infraestruturas de comunicação, como a internet e o próprio metaverso (HOFFMANN-RIEM, 2022, p. 36). Fundamentalmente, tem-se que:

> A sociedade está mudando ao ritmo de cada algoritmo de aprendizado que é produzido. O *machine learning* está recriando a ciência, a tecnologia, os negócios, a política e a guerra. Satélites, sequenciadores de DNA e aceleradores de partículas sondam a natureza em detalhes cada vez menores, e os algoritmos de aprendizado transformam as torrentes de dados em novo conhecimento científico. As empresas conhecem seus clientes como jamais conheceram. O candidato com os melhores modelos de eleitores vence, como Obama contra Romney. Veículos não tripulados pilotam a si próprios na terra, no mar e no ar. Ninguém programou nossas preferências no sistema de recomendações da Amazon; um algoritmo de aprendizado as descobriu sozinho, tirando conclusões a partir de compras passadas. O carro auto-dirigível do Google aprendeu sozinho como permanecer na estrada; nenhum engenheiro escreveu um algoritmo para instruí-lo, passo a passo, como ir de A a B. Ninguém sabe como programar um carro para dirigir sozinho, e não precisamos saber, porque um carro equipado com um algoritmo de aprendizado aprende observando o que o motorista faz. (DOMINGOS, 2017, p. 16)

Contextualmente, entende-se que os algoritmos são escritos em linguagem digital processável por máquina e a respectiva tarefa é processada com a ajuda de um número finito de etapas individuais predefinidas pelo programador responsável por estruturar o código que fará o algoritmo ser colocado em prática, sendo a estrutura determinística da programação (HOFFMANN-RIEM, 2022, p. 36).

O objeto do presente estudo não permite a análise minuciosa da estrutura algorítmica, contudo, verifica-se que o algoritmo é:

> Um método finito, escrito em um vocabulário simbólico fixo, regido por instruções precisas, que se movem em passos discretos, 1, 2, 3, ..., cuja execução não requer *insight*, esperteza, intuição, inteligência ou clareza e lucidez, e que mais cedo ou mais tarde chega a um fim. (BERLINSKI, 2002, p. 21)

Desta forma, o algoritmo pode ser compreendido como um verdadeiro procedimento lógico-matemático, finito de passos discretos, e eficaz na solução de um problema ou questão pontual (REIS, 2020, p. 108). Portanto, a estruturação algorítmica será essencial para que o ambiente do metaverso possa ser estruturado em suas linhas operacionais. Em exemplificação, para que um produto possa ser mostrado dentro do ambiente do metaverso, diversas linhas de códigos estarão por trás deste ato, em que por intermédio destes códigos um usuário conseguirá visualizar o referido produto. Da mesma forma, para que um contrato eletrônico possa ser formalizado dentro do ambiente do metaverso, conforme será posteriormente abordado neste estudo, diversos códigos precisam ser estruturados para essa operação ocorrer, e é justamente nesta relação que entra a essencialidade dos algoritmos para o ambiente do metaverso.

Sequencialmente, e considerando uma abordagem contemporânea, tem-se que com a proliferação de dispositivos inteligentes e a maturidade de tecnologias imersivas, as inovações mencionadas acima e os grandes avanços nas tecnologias emergentes estão desencadeando uma nova ecologia da informação e novos requisitos de aplicação, e o metaverso se torna uma plataforma para nova ecologia e aplicações da sistemática da sociedade da informação (DUAN, 2021, p. 154-155). Impulsionado pelas necessidades do mundo real e pela viabilidade de construir mundos virtuais, o metaverso ganhou força recentemente em todo o mundo, com gigantes da tecnologia como o Facebook, Microsoft, Tencent e NVIDIA anunciando projetos no metaverso. Em particular, o Facebook se renomeou como "Meta" em um esforço para construir o metaverso do futuro.

Na arquitetura interna do metaverso, o desenvolvimento pode ser apresentado em três fases sucessivas de uma perspectiva macro, sendo a primeira fase produzindo um mundo espelhado que consiste na reprodução do mundo real de grande escala e alta fidelidade de seres humanos e coisas em ambientes diversos, buscando uma representação digital vívida da realidade física (LEE *et al.*, 2021, p. 2). Em exemplificação, esta fase apresenta atividades virtuais e propriedades, como emoção e movimento do usuário, por intermédio de imitações de suas contrapartes físicas, onde realidade e virtualidade são dois espaços paralelos (LEE *et al.*, 2021, p. 2).

Seguidamente, a segunda fase busca a criação do conteúdo nativo, em que os usuários, representados por avatares, podem produzir inovações e *insights* dentro dos mundos digitais e as elaborações digitais passam a existir nos espaços virtuais (LEE *et al.*, 2021, p. 2). Nesta fase, os conteúdos desenvolvidos no mundo digital se tornam idênticos aos seus homólogos físicos, e o mundo digital tem a capacidade de transformar e inovar o processo de produção do mundo físico (LEE *et al.*, 2021, p. 2-3).

Na última fase de desenvolvimento, o metaverso alcança a maturidade e se transforma em um mundo de surrealidade persistente e autossustentável que assimila a realidade em si (LEE *et al.*, 2021, p. 2-3). A integração e a simbiose mútua dos mundos físico e virtual permitem que os usuários possam interagir e, dentro do foco do presente estudo, possam realizar negociações dentro do metaverso (LEE *et al.*, 2021, p. 3).

Operacionalmente, para ser possível entrar no metaverso, conforme analisado, inicialmente é importante contar com uma internet estável, por isso a importância do 5G. Sequencialmente, pensando em alguém que utilize o computador, é mister entrar e criar uma conta que permita o acesso ao metaverso, em que um exemplo pode ser por intermédio da plataforma Roblox. Ainda, é importante contar com um dispositivo que permita a imersão no ambiente virtual, a exemplo dos óculos de realidade virtual. Didaticamente, tem-se que:

> O primeiro passo do usuário ao adentrar o metaverso será criar sua persona virtual, um "avatar" que poderá representar, também, sua identidade física. Por intermédio dela, o usuário irá navegar pelos diversos feudos virtuais, bem como atrelar suas propriedades digitais ao seu poder aquisitivo *on* e *offline*. (MARTINS *et al.*, 2022, p. 47)

Ante o exposto, é imprescindível compreender que, em consonância ao objetivo de descentralização da internet e de seus domínios, a tendência do metaverso é não ser de propriedade exclusiva de uma única grande corporação, mas com uma visão comercial aberta, permitindo que diversos usuários possam acessar as plataformas que integram o metaverso (MARTINS *et al.*, 2022, p. 39). Especificamente, tem-se que:

> (...) descentralização vem da ideia de que "usuários são a plataforma" e a plataforma é sustentada coletivamente por aqueles que dela fazem parte. Como donos parciais da plataforma, usuários então possuem soberania sobre seus ativos virtuais, dados e riqueza digital. (tradução nossa[2]) (WINTERS, 2021, p.10)

Em verdade, essa caracterização de descentralização é importante para que a utilização do metaverso não fique restrita a um grupo específico de usuários, impedindo que o ambiente se torne dinâmico e de fato aproxime o mundo físico e o virtual. Destarte, permite-se a verificação que o ambiente do metaverso possibilita que a sociedade da informação alcance um avanço no desenvolvimento social. Em verdade, essa integração permite que a própria humanidade evolua, passando da sociedade da informação para a sociedade *super smart* (GABRIEL, 2022, p.

126), em que:

> Esse novo patamar que vai se configurando é a plena realização do metaverso – conforme conseguimos conectar cada vez mais coisas (físicas e digitais), gerando fluxos qualificados de informação, maior tende a se tornar a inteligência no mundo. Os benefícios são infindáveis pois, ao nos liberarmos dos trabalhos repetitivos (que passam a ser executados cada vez mais por máquinas), enquanto, ao mesmo tempo, ampliamos tecnologicamente as nossas habilidades, poderemos desenvolver e alcançar o nosso máximo potencial, expandindo, assim, as infinitas possibilidades para desfrutarmos de uma vida melhor. (GABRIEL, 2022, p. 126)

Portanto, pensando na facilitação da vivência humana, o ambiente do metaverso se mostra como imprescindível para a desenvoltura de novas perspectivas para a própria humanidade. Neste sentido, é mister compreender como são desenvolvidas as contratações eletrônicas dentro do metaverso e como elas impactam a segurança jurídica dos contratantes, para então apresentar medidas protetivas para o desenvolvimento destes negócios jurídicos.

# CAPÍTULO 2

## *A EVOLUÇÃO DOS CONTRATOS E A ESTRUTURAÇÃO DAS CONTRATAÇÕES ELETRÔNICAS FORMALIZADAS NO METAVERSO*

O presente capítulo apresenta, em primeira instância, a contextualização e evolução dos contratos de modo geral, perpassando por seus princípios, e avançando para a perspectiva do desenvolvimento das contratações eletrônicas, para então buscar analisar a intersecção com a formalização no metaverso. De modo específico, trata da análise conectiva entre as contratações eletrônicas e este ambiente virtual, no que se refere aos aspectos da relação social que são impactados na sociedade da informação, conforme analisado no capítulo anterior. Pretende-se, nesse sentido, formar as bases para a apresentação da importância da aplicação, como medida protetiva da segurança jurídica dos contratantes, do compliance contratual nas formalizações dos contratos no metaverso, o que será analisado no capítulo subsequente.

## 2.1 A CONTEXTUALIZAÇÃO DOS CONTRATOS

A sociedade da informação possui grande importância para a operacionalização do cotidiano social, conforme analisado no capítulo anterior. Inclusive, a própria atividade empresarial é impactada pelas transformações tecnológicas ocorridas na sociedade da informação, conforme seguinte exposição de Roberto Senise Lisboa:

> Os reflexos da sociedade da informação sobre a atividade empresarial são indiscutíveis. Toda empresa atua sobre o mercado de consumo a partir de ativos, isto é, de tudo aquilo que transforma matéria-prima em algo mais valioso. Os ativos convencionais – capital físico e financeiro – não desapareceram e não desaparecerão, porém, é inevitável que o conhecimento se transforme em ativo cada vez mais importante para as organizações, senão o ativo mais importante. (LISBOA, 2009, p. 14).

Por consequência, a revolução digital faz com que as relações jurídicas alcancem a mesma inovação e as partes precisam estruturar mecanismos que tutelem os interesses das partes, em aspectos evolutivos. Contudo, previamente a análise desta evolução, é importante entender como os contratos se formaram, compreendendo incialmente diferença entre o ato jurídico em sentido estrito e o negócio jurídico, em que:

> O ATO JURÍDICO EM SENTIDO ESTRITO é a simples declaração de vontade, cujos efeitos já se encontram estabelecidos em lei e são imodificáveis pelo mero consentimento das partes. São exemplos de atos jurídicos em sentido estrito o casamento, o reconhecimento de filho, etc. (MELLO, 2017, p. 67)

Neste sentido, o ato jurídico em sentido estrito, embora tenha a declaração de vontade, esta ocorre por uma simples consequência de um efeito que já se encontra estabelecido em lei e não podem ser modificados pelo mero consentimento das partes. Diferentemente, tem-que o negócio jurídico:

> (...) é a declaração de vontade destinada a produzir efeitos jurídicos desejados pelos agentes. O negócio jurídico apresenta cunho negocial e representa a livre atuação das partes em face dos efeitos jurídicos. No plano volitivo (plano da vontade), o negócio jurídico pode ser classificado como negócio jurídico unilateral (apenas uma vontade para a produção de efeitos jurídicos) e negócio jurídico bilateral (duas vontades para a produção de efeitos no mundo do direito). Assim, o negócio jurídico unilateral é aquele que com apenas uma vontade já produz efeitos jurídicos. Por exemplo: o testamento, a revogação do mandato, etc. Já o negócio jurídico bilateral é aquele ato jurídico que apresenta duas vontades para a produção de efeitos jurídicos desejados pelos agentes. Exemplo: contrato. O contrato, negócio jurídico bilateral (duas vontades para a produção de efeitos jurídicos), pode ser classificado quanto à questão obrigacional em: contrato unilateral (duas vontades e uma obrigação. Ex.: contrato de doação pura) e contrato bilateral (duas vontades e duas obrigações. Ex.: contrato de compra e venda). (MELLO, 2017, p. 68)

Portanto, em contrapartida ao ato jurídico em sentido estrito, a declaração de vontade das partes no negócio jurídico possui elementos constitutivos e produzirá efeitos jurídicos entre as partes. Quanto aos elementos do negócio jurídico, tem-se:

> 1. Elemento Interno (formação de vontade: a vontade interna não tem relevância para o Direito). 2. Elemento Externo (manifestação da vontade do agente). A vontade manifestada pelo sujeito pode ser: verbal, escrita, tácita ou o próprio silêncio. 3. Elemento Formal (forma de expressão da vontade). (MELLO, 2017, p. 68)

Os elementos constitutivos, permeados pela vontade, serão essenciais para delinear a investigação pretendida no presente estudo, conforme será analisado posteriormente. Previamente, pode-se afirmar que o negócio jurídico, quanto à materialização, tem a seguinte conceituação:

> (...) a declaração de vontade privada destinada a produzir efeitos que o agente pretende e o direito reconhece. Tais

> efeitos são a constituição, modificação ou extinção de relações jurídicas, de modo vinculante, obrigatório para as partes intervenientes (...) o negócio jurídico é o meio de realização da autonomia privada (...). (AMARAL, 2003, p. 371-372)

## Estruturalmente, tem-se que o negócio jurídico:

> Como categoria, ele é a hipótese de fato jurídico (às vezes dita "suporte fático"), que consiste em uma manifestação de vontade cercada de certas circunstâncias (*as circunstâncias negociais*) que fazem com que *socialmente* essa manifestação seja vista como dirigida à produção de efeitos jurídicos; negócio jurídico, como categoria, é, pois, a hipótese normativa consistente em *declaração de vontade* (entendida esta expressão em sentido preciso, e não comum, isto é, entendida como manifestação de vontade, que, pelas suas circunstâncias, é vista socialmente como destinada à produção de efeitos jurídicos). Ser *declaração de vontade* é a sua característica específica primária. Segue-se daí que o direito, acompanhando a visão social, atribui, à declaração, os efeitos que foram manifestados como queridos, isto é, atribui a ela *efeitos constitutivos de direito* — e esta é a sua característica específica secundária. (AZEVEDO, 2018, p. 24)

Os negócios jurídicos podem então ser compreendidos como a manifestação de vontade que estrutura efeitos jurídicos entre os envolvidos, em que a pactuação deve estar alicerçada em preceitos que forem lícitos. Por consequência, a manifestação de vontade é essencial para a estruturação do negócio jurídico, visando a que este venha a produzir seus efeitos sociais. A compreensão desta essencialidade é de grande importância para análise do objeto do presente estudo.

Nestes termos estão inseridos os contratos, como espécies dos negócios jurídicos, como será aqui analisado. Inicialmente, em uma análise histórica, tem-se que a existência das relações contratuais pode ser referenciada por intermédio do "acordo entre as partes" que acompanha o homem desde o seu surgimento no mundo. Como prova, em tempos mais remotos, o convívio em tribos exigia de seus membros a convenção sobre determinados comportamentos, a fim de que a sobrevivência em grupo se desse de forma harmônica e pacífica (NUNES, 2011, p. 7).

Em exemplificação, no período em que a moeda ainda não existia, o escambo era a prática comercial exercida, assim, a partir da troca dos mais variados produtos, direitos e obrigações eram gerados aos envolvidos, que assumiam a responsabilidade por cumprir o acertado (NUNES, 2011, p. 7). Nota-se que, de forma implícita, a utilização do contrato já se fazia prática comum, ainda que configurado em uma estrutura verbalizada.

No Egito antigo também se viu a presença da relação contratual, em que era possível visualizar condutas serem assumidas na transmissão de direitos e deveres entre as partes envolvidas. Especificamente, conforme apresenta Rizzardo Nunes (2011, p. 7), tem-se o exemplo de um contrato de transação de propriedade, que era estruturado na realização de três atos, quais sejam a venda, o juramento e a tradição. Portanto, ainda que primitivo, as partes envolvidas sabiam das nuances obrigacionais que envolviam a transação da propriedade.

Na Grécia, inicialmente, o contrato se fez presente para ditar comportamentos na órbita matrimonial e patrimonial. Dessa forma, o contrato de casamento estabelecia o dever de as partes de não contraírem novo matrimônio durante a vigência do casamento (NUNES, 2011, p. 7). Assim, em exemplificação, anuíam os nubentes em não praticar a poligamia, todavia não criavam óbice às relações adulterinas. Já em relação aos bens materiais, os acordos feitos à época traziam como consequência de sua rescisão ou inadimplemento as mais variadas penalidades, permeando desde a aplicação de multa até a pena de morte capital (NUNES, 2011, p. 7).

O contrato, como fonte legal de direitos e obrigações, somente veio a ser estruturado formalmente no Direito romano, por intermédio da Lei das XII Tábuas, em que da Tábua VI extrai-se a procedência legal da obrigação e do contrato (NUNES,

2011, p. 4-5). Nesse período, o acordo de vontades recebia duas terminologias distintas: "convenção" (*pactu conventio*) e "contrato" (*contractus*). O primeiro abarcava todos os tipos de acordos, independentemente se geravam obrigações recíprocas. Já o segundo, relacionava-se diretamente aos acordos que impunham um dever às partes. Nesse caso, o contrato era tido como uma relação entre duas ou mais partes no sentido de estabelecerem entre si uma obrigação de dar, de fazer ou de não fazer alguma coisa para o alcance de um fim específico (NUNES, 2011, p. 7).

No Direito francês, por muito tempo vigorou o Código Napoleônico, em que tal instrumento normativo dedicava o seu livro terceiro para tratar das "diversas formas de propriedade", disciplinando neste tópico a figura do contrato (VENOSA, 2011, p. 372). À época, o contrato era tido como meio de circulação de riquezas e utilizado obrigatoriamente nas negociações relativas à aquisição de propriedades (VENOSA, 2011, p. 372). Em exemplificação, todos que tivessem recursos para tal, poderiam contratar e obter o domínio de propriedade, privilégio antes pertencente apenas à realeza (VENOSA, 2011, p. 372).

Com o Código Napoleônico, consubstanciado nos ideais de igualdade, liberdade e fraternidade, suscitados pela Revolução Francesa de 1789, o contrato adveio para reafirmar o livre-arbítrio que todos têm de convencionar (VENOSA, 2011, p. 372). Em verdade, o contrato buscava formalizar o direito de as partes terem legalmente válidos os seus desejos, da forma como previamente estabeleceram. Assim, o artigo 134 do Código Napoleônico dispunha que as convenções feitas nos contratos formam para os contratantes uma regra à qual devem se submeter como se fosse a própria lei (VENOSA, 2011, p. 372). Portanto, permite-se a compreensão de que era possível pactuar tudo aquilo que estivesse em consonância com os interesses de ordem pública.

Em relação ao Direito alemão, tem-se a estruturação do Código Civil, com o contrato como subespécie, sendo um dos atos pertencentes ao negócio jurídico. No códex alemão, o acordo de vontades, por si só, não transferia a propriedade da coisa (GONÇALVES, 2011, p. 23). Assim, sendo o negócio jurídico um conjunto de regras que estabelecem todos os meandros da relação contratual, o contrato em si era apenas um dos requisitos para se chegar ao domínio do objeto em questão (GONÇALVES, 2011, p. 23). O modelo contratual estatuído pelo Direito alemão foi o adotado pelo Código Civil brasileiro de 1916, ainda vigorando no atual diploma legal brasileiro.

Verificada a evolução dos contratos, devemos compreender os princípios que são aplicados nas relações contratuais, para então perpassar para a evolução dos contratos e características importantes. Examinado o modo de contextualização dos contratos, precisamos entender como são aplicáveis e quais são os procedimentos para que sejam adequados, dentro dos parâmetros legais e eletrônicos, bem como compreender a sistemática do sistema contratual no ambiente do metaverso.

## 2.2 PRINCÍPIOS APLICÁVEIS AOS CONTRATOS

Aos contratos são aplicáveis princípios extraídos das disposições infraconstitucionais, especialmente do Código Civil, determinando sua constituição e validade jurídica. Para determinar a compatibilidade dos contratos eletrônicos com a sistemática do direito contratual pátrio, é pertinente o estudo dos princípios que orientam as relações contratuais.

Um dos princípios contratuais mais relevantes é o da autonomia privada, em razão de que os contratos estão inseridos no contexto dos direitos pessoais, como será analisado no próximo capítulo. Contudo, importante compreender que a vontade das partes é um dos elementos mais significativos para a validade de um contrato, na medida em que as pessoas não estão obrigadas a contratar. Neste sentido assevera Flávio Tartuce (2017, p. 46) que "A vontade é o próprio elemento propulsor do domínio do ser humano em relação às demais espécies que vivem sobre a Terra.".

Previamente, importante compreender que, conforme define Antônio Junqueira de Azevedo (2018, p. 82-83):

> A nosso ver, a vontade não é elemento do negócio jurídico; o negócio é somente a declaração de vontade. Cronologicamente, ele surge, nasce, por ocasião da declaração; sua existência começa nesse momento; todo o processo volitivo anterior não faz parte dele; o negócio todo consiste na declaração. Certamente, a declaração é o resultado do processo volitivo interno, mas, ao ser proferida, ela o incorpora, absorve-o, de forma que se pode afirmar que esse processo volitivo não é elemento do negócio. A vontade poderá, depois, influenciar a validade do negócio e às vezes também a eficácia, mas, tomada como *iter* do querer, ela não faz parte, existencialmente, do negócio jurídico; ela fica inteiramente absorvida pela declaração, que é o seu resultado. O fato de ela poder vir a influenciar a validade ou a eficácia do negócio não a transforma em parte dele, como, aliás, também ocorre com diversos outros requisitos e fatores de eficácia.

Por conseguinte, a declaração se apresenta como um elemento essencial para a formação do contrato, em virtude de que as partes externalizam sua vontade de quererem contratar por intermédio da declaração desta vontade. Em outras palavras, não adiantaria se as partes internamente mantivessem o interesse de realizar o negócio jurídico e não realizassem a declaração dessa vontade. Em exemplificação, tem-se o seguinte ensinamento de que a declaração de vontade:

> a) podem se encontrar, num negócio concreto, a vontade de manifestação e a vontade de conteúdo: é o caso normal; b) pode faltar a vontade de manifestação (por violência física, erro obstativo consistente em engano material, como se verá em seguida) e a *fortiori* faltará a vontade negocial (se eu não quis declarar vender, não quis certamente vender); c) pode estar somente *viciada* a vontade de manifestação e *faltar* a vontade negocial (eu sou levado a declarar doar a Tício, acreditando que esse era o nome do meu benfeitor; *quis*, portanto, *declarar* doar 'a Tício', sob a influência do erro; não *quis*, porém, *doar* a Tício: erro obstativo referente ao nome ou outro sinal individualizador); d) pode estar perfeita a vontade de manifestação e faltar a vontade negocial (eu declaro doar a Tício porque a ele quero livre e conscientemente *declarar* doar; mas, na realidade, não quero doar nada ou não quero *doar* a ele: brincadeira, reserva mental etc.); e) a vontade de manifestação existe e está imune de vícios; a negocial está viciada (declaro comprar um objeto porque acredito que seja de ouro, mas é somente dourado: a vontade de manifestação é livre e imune de vícios; a negocial existe, mas é viciada, porque sofreu, no seu processo de formação, a influência de um motivo que a desviou; erro-vício ou, mais propriamente, sobre qualidade substancial do objeto). (FERRARA, 1948, p. 407)

Portanto, o negócio jurídico, e a relação contratual em si, consistem na declaração como resultado do processo volitivo das partes, em que, sendo externalizada, as partes podem ter conhecimento da vontade de cada um dos envolvidos. Compreendida esta diferenciação, assim como que somente a declaração de vontade é elemento do negócio jurídico em seu plano da existência (AZEVEDO, 2018, p. 83), faz-se essencial analisar a autonomia privada permeada na relação contratual.

A declaração, portanto, após ser feita é desprendida dos elementos volitivos que estavam internalizados pelas partes e passa a estruturar efeitos no plano do negócio jurídico (AZEVEDO, 2018, p. 85). Neste sentido é possível vislumbrar a autonomia privada, conforme o seguinte ensinamento:

> (...) o preceito de autonomia privada surge pela primeira vez com a declaração e com o comportamento; e, desde então, vive como entidade duradoura, externa e desligada da pessoa do autor. O preceito opera para o futuro, vivendo vida própria, independente da vontade, que lhe deu o ser, e, talvez, até mesmo, se lhe contrapondo. Segue-se daí que, se a vontade, como fato psíquico, é alguma coisa que se confunde com a pessoa e não é concebível separada dela, o preceito do negócio é, por sua natureza normativa e não psicológica, alguma coisa de separado da pessoa, a ponto de se contrapor a ela (mesmo nos negócios unilaterais) e de a vincular. (BETTI, 1960, p. 59)

A autonomia privada, por consequência, passa a ser materializada com a declaração externalizada pelas partes e operará efeitos ao longo do negócio jurídico, consequentemente, da relação contratual. No entendimento de Paulo Lôbo (2017, p. 58), "A autonomia privada negocial é o poder jurídico conferido pelo direito aos particulares para autorregulamentação de seus interesses, nos limites estabelecidos". Em outras palavras, tem-se que:

> A autonomia privada é o poder que os particulares têm de regular, pelo exercício de sua própria vontade, as relações que participam, estabelecendo-lhe o conteúdo e a respectiva disciplina jurídica. Sinônimo de autonomia da vontade para grande parte da doutrina contemporânea, com ela porém não se confunde, existindo entre ambas sensível diferença. A expressão 'autonomia da vontade' tem uma conotação subjetiva, psicológica, enquanto a autonomia privada marca o poder da vontade no direito de um modo objetivo, concreto e real. (AMARAL NETO, 2003, p. 348)

Portanto, a autonomia privada pode ser compreendida por essa liberdade de contratar, disciplinando entre as partes o conteúdo e os detalhes contratuais. Assim, por meio do negócio jurídico, materializado pela declaração, em forma de um contrato, as partes discutem a respeito de interesses privados, constituindo a autonomia privada.

A liberdade de contratar, complementarmente, estabelece seus efeitos na autonomia privada e pode ser analisada a partir de dois pontos distintos. Conforme Flávio Tartuce (2017, p. 46), "Em um primeiro momento, a liberdade de contratar está relacionada com a escolha da pessoa ou das pessoas com quem o negócio será celebrado, sendo uma liberdade plena, em regra". No entanto, existem claras limitações ao que tange à liberdade contratual, exemplo disso é a necessidade de capacidade das partes, como a impossibilidade de contratação junto ao absolutamente incapaz que esteja sem representação legal, conforme será posteriormente analisado.

Ao mesmo tempo, a liberdade contratual pode ser analisada com base no conteúdo próprio do contrato, na medida em que as partes podem decidir a respeito das regras aplicáveis ao negócio. O próprio Código Civil, em seu artigo 421, determina que a liberdade contratual será exercida nas limitações da função social que o contrato deve possuir (BRASIL, 2002, *online*). Fundamentalmente, entende-se por função social que:

> (...) a palavra função indica uma obrigação a ser cumprida, seja por um sujeito ou uma instituição, significa um papel a desempenhar. Já o termo social adjetiva aquilo que é concernente à sociedade, ao conjunto de cidadãos, tudo aquilo que se relaciona à comunidade; (FERNANDES, 2011, p. 59)

Por conseguinte, compreende-se que a função social estabelece uma limitação fundamental para a liberdade contratual, visando a que a declaração de vontade entre as partes possa ser permeada com os ditames de surtir efeitos na própria comunidade que aquele contrato está inserido. Neste sentido, tem-se que:

> A vontade soberana fazendo leis! Mas quem confere ao homem esta autoridade que é o apanágio da soberania? Permite-lhe a liberdade ligar-se sobre um objeto ou para fim imoral, e o consentimento dum cúmplice ou duma vítima torna, porventura, a imoralidade mais perdoável?

> Supondo a convenção irrepreensível pelo seu objeto e pelo seu fim, estão as duas partes em pé de igualdade e não será a sua desigualdade justamente daquelas que a lei se deve esforçar por corrigir, sendo como é a mãe da injustiça? Será permitido explorar a fraqueza física e moral do próximo, a necessidade em que ele está de concluir, a perversão temporária da sua inteligência e da sua vontade? Pode o contrato, instrumento da troca de riquezas e dos serviços, servir para a exploração do homem pelo homem, consagrar o enriquecimento injusto dum dos contratantes com prejuízo do outro? Não é necessário, pelo contrário, manter ao mesmo tempo a igualdade das partes contratantes e das prestações para satisfazer um ideal de justiça que nós encerramos quase sempre numa concepção de igualdade? (RIPERT, 2000, p. 54)

Desta forma, verifica-se que a liberdade contratual está estruturada na base de que a formação de um contrato seja desde o início estabelecida em ditames capazes de produzir efeitos socialmente adequados. Em outras palavras, entende-se que a liberdade contratual também está sujeita a limitações, a exemplo de que, ainda que seja da vontade das partes, não se estabelecer um contrato de escravidão entre os contraentes ou de que um contrato de adesão não contenha cláusulas que sejam abusivas, como a estipulação de obrigações excessivamente onerosas para apenas uma das partes (TARTUCE, 2017, p. 46).

A própria autonomia privada será delineada nesta base da função social, neste sentido, tem-que:

> A autonomia privada consiste num benefício individual que possibilita ao sujeito uma livre geração de relações jurídicas. Estas, por pressuposto, visam a atender aos interesses particulares, desde que não colidentes ou contraditórios ao interesse coletivo, modulados ao projeto constitucional e que se constituam em elemento de realização da dignidade humana. Dessa maneira, pode-se pensar que a autonomia privada é princípio atributivo de regulamentação de interesses, porém de maneira limitada pela ordem constitucional. (FERNANDES, 2011, p. 47)

Especificamente, quantos aos limites da autonomia privada, tem-se que:

> Limites da autonomia privada são, de modo geral, as

> regras de ordem pública e os bons costumes. De modo mais específico, poderíamos dizer que o princípio da autonomia se limita também por outros princípios, com os quais deve ser objeto de ponderação. São eles os princípios da boa fé, o da dignidade da pessoa humana (como fundamento dos direitos da personalidade), o da função social do contrato e da propriedade, o da responsabilidade patrimonial, o da equidade, e finalmente, mas não de menor importância, os interesses decorrentes do estado de vulnerabilidade que caracteriza a situação jurídica de determinadas pessoas, especificamente, as crianças, os adolescentes, os idosos, os consumidores, os locatários, os trabalhadores assalariados, etc. (AMARAL NETO, 2015, p. 4)

A autonomia privada, por consequência, estrutura a liberdade contratual entre as partes, contudo, determinado que não colida com as regras de ordem pública, os bons costumes e os interesses coletivos, devendo estar limitada a ordem constitucional. Portanto, verifica-se que o objetivo desta limitação não é atribuir uma pseudo-liberdade às partes, e sim modular os efeitos dessa livre geração de relações jurídicas para que as partes, ao longo do processo negocial, guardem os preceitos da função social do contrato.

Avançando na compreensão da autonomia privada, Paulo Lôbo (2017, p. 62-63) considera a existência de três dimensões, com relação ao contrato, a saber:

> A autonomia privada, em relação ao contrato, pressupõe o exercício de três modalidades de liberdades de escolha, interligadas: a) a liberdade de escolher o outro contratante; b) a liberdade de escolher o tipo contratual; c) a liberdade de determinação do conteúdo. A plenitude da autonomia privada negocial é atingida com os contratos atípicos, que escapam dos modelos legais e ficam sujeitos aos princípios e normas gerais do direito contratual.

Desta forma, a autonomia privada passa a ser essencial para a estruturação dos contratos eletrônicos, em razão destes modificarem a forma tradicional da operacionalização do contrato, conforme será posteriormente analisado. Previamente, traduz-se importante compreender que, segundo Figueiredo e Theodoro Júnior:

> Essa autonomia, entretanto, não pode ser plena ou absoluta porque deve ser exercitada nos limites traçados pelo ordenamento jurídico. (2021, p. 52)
>
> (...)
>
> Além disso, a ordem constitucional passou, no mundo ocidental, por um processo de eticização, que se fez presente com notória intensidade em nossa Constituição de 1988, refletindo profundamente no espírito das leis civis. A partir desse novo enfoque, todo o direito privado, e principalmente o negócio jurídico – sem embargo da manutenção da autonomia privada – se submeteu a novas limitações, derivadas da necessidade de afeiçoarem-se a valores éticos e sociais, como a boa-fé objetiva e a função social, as quais ampliaram as dimensões da ordem pública e o papel dos bons costumes, na limitação pela liberdade exercitável no âmbito dos negócios jurídicos privados. (2021, p. 69)

Nestes termos, entende-se que os negócios jurídicos devem respeitar os princípios que são esculpidos no objetivo de proteção das partes envolvidas e, desta forma, de tutela da efetividade jurídica do próprio negócio jurídico. Por conseguinte, tem-se a necessidade de conformidade das contratações eletrônicas com a boa-fé objetiva, sendo este princípio a estipulação da confiança e da segurança jurídica entre as partes (FIGUEIREDO; THEODORO JÚNIOR, 2021, p. 71). Em um tom mais didático, tem-se o seguinte ensinamento:

> A boa-fé objetiva pode cumprir no contrato importantes funções: interpretativa; integrativa; e a de controle. A função interpretativa serve a interpretar aquilo que foi previsto pelas partes, de esclarecer o seu conteúdo. A função integrativa reconhece que há deveres de comportamento do credor que não precisam estar expressos no contrato, alargando o conteúdo contratual. A função de controle evita que haja abuso de direito nas relações privadas obrigacionais. (GOMES *et. al.*, 2020, p. 8)

Por fim, dentro do pretendido para esta análise introdutória, tem-se também a força obrigatória dos contratos, como decorrência lógica da autonomia privada. De modo específico, é importante compreender que os termos estabelecidos após a externalização da declaração da vontade vinculam as partes, que devem cumprir as disposições contratuais. O princípio da força obrigatória também é chamado de princípio do consensualismo, na medida em que as partes renunciam à sua autonomia plena a partir do momento em que aceitam os termos do contrato (TARTUCE, 2017, p. 64).

Trata-se de princípio relevante, tendo em vista que dele decorrem algumas das principais garantias contratuais. Sobre o assunto, Paulo Lôbo (2017, p. 64-65) leciona que:

> Radicam no princípio da força obrigatória os dois principais efeitos pretendidos pelas partes contratantes: a estabilidade e a previsibilidade. A estabilidade é assegurada, na medida em que o que foi pactuado será cumprido, sem depender do arbítrio de qualquer parte do contrato ou das mudanças externas, inclusive legislativas. A previsibilidade decorre do fato de o contrato projetar-se para o futuro – futuro antecipado –, devendo suas cláusulas e condições regular as condutas dos contratantes, na presunção de que permaneceriam previsíveis. Para alguns, em matéria contratual, basta a segurança jurídica, que já conteria a previsibilidade e a estabilidade.

Esses são alguns dos princípios aplicáveis aos contratos, em que todos devem ser observados para que as relações contratuais sejam plenamente válidas e surtam todos os efeitos esperados pelas partes contratantes. Portanto, compreendido estes pontos, cumpre analisar a estruturação evolutiva dos contratos e suas características importantes.

## 2.3 A EVOLUÇÃO DOS CONTRATOS E CARACTERÍSTICAS IMPORTANTES

O convívio humano primitivo, quando as pessoas começaram a se agrupar e conviver em sociedade, demonstra a inicial operacionalização das relações contratuais, conforme anteriormente analisado. No entanto, o conceito contemporâneo de contrato, admitido e aplicado pelas legislações contemporâneas, tem sua base no Direito romano (TARTUCE, 2017, p. 17), conforme evidenciado. Portanto, faz-se por necessário analisar essa formação evolutiva e social dos contratos.

Previamente, faz-se importante compreender que o contrato está estruturado em três planos, o da existência (conforme analisado anteriormente), o da validade e da eficácia. Este último não é o enfoque da presente análise, contudo, cumpre destacar que para um contrato ser eficaz ele deve manter primordialmente a declaração da vontade das partes e estas, sob as bases principiológicas, devem cumprir os termos dispostos no negócio jurídico (AZEVEDO, 2018, p. 24).

Em relação ao plano da validade, o Código Civil, em seu artigo 104, determina que a validade do negócio jurídico requer agente capaz; objeto lícito, possível, determinado ou determinável; e forma prescrita ou não defesa em lei (BRASIL, 2002, *online*). Contudo, levando em consideração o objeto do presente estudo, faz-se por importante compreender apenas o requisito da capacidade das partes, que será essencial para analisar o capítulo subsequente.

Em relação a capacidade das partes, e levando em consideração que por ser o contrato um negócio jurídico, tem-se a solicitação da capacidade do agente, em que a parte deve possuir aptidão para executar um contrato em relação às normas correspondentes à capacidade (FERNANDES, 2011, p. 65). Em verdade, a correspondência é com a capacidade legal de agir, devendo estar em consonância com o ordenamento jurídico acerca da possibilidade de atuação da parte em determinada relação jurídica (FERNANDES, 2011, p. 65).

Primordialmente, necessário entender que mesmo com a declaração de vontade e existência do contrato, é mister que as partes estejam no pleno gozo de suas faculdades mentais (AZEVEDO, 2018, p. 24). Por esta razão, em exemplificação, não é permitido que um absolutamente incapaz realize um contrato sem a devida representação legal, sendo determinado pelo próprio Código Civil pátrio, em seu artigo 166, inciso I, que é nulo o negócio jurídico quando celebrado por pessoa absolutamente incapaz (BRASIL, 2002, *online*). Em um tom mais didático, para que uma criança de 8 anos possa realizar a matrícula em uma escola, seus pais (representantes legais da criança) devem assinar o contrato educacional e representar o filho.

Portanto, de nada adiantaria a criança pensar em se matricular na escola, declarar a sua vontade para o proprietário legal da instituição e assinar o contrato, porque embora este fosse existente (já que constituído pela externalização da declaração da vontade), este se constitui como inválido e nulo, já que a criança não possuía capacidade para contratar e não poderá surtir seus efeitos, sendo ineficaz (AZEVEDO, 2018, p. 24). Nesta análise, importante compreender ainda que a capacidade do agente está dividida em duas linhas, a jurídica e a de fato, em que a primeira é inerente ao ser humano (como o direito da criança à educação, a saúde e a crescer com dignidade) e a de fato é a concreta aptidão para poder exercer os atos cotidianos da vida civil, por isso a exigência do absolutamente incapaz estar representado para poder contratar (GONÇALVES, 2020, p. 38).

Nestes termos, Antônio Junqueira de Azevedo ensina que para um contrato ser válido deve conter alguns elementos essenciais, como a capacidade das partes, a legitimidade, a vontade livre e a vontade não viciada por erro (AZEVEDO, 2018, p. 125). Nestes termos, faz-se importante compreender, previamente, a diferenciação entre um contrato nulo e um anulável, em que conceitualmente:

> 1) A NULIDADE decorre de ofensa a interesse público; é no interesse de toda a coletividade que se impõe a nulidade, sendo geral o seu alcance e operando erga omnes sua eficácia (art. 168); a ANULABILIDADE corresponde a ofensa a interesse privado; seu decreto se dá no interesse do prejudicado, ou de um grupo determinado de pessoas, ficando sua eficácia restrita aos que a alegaram (art. 177, 2ª parte). 2) A NULIDADE não se sujeita a prazo extintivo, prescricional ou decadencial, podendo ser arguida e reconhecida a qualquer tempo (art. 169); a ANULABILIDADE corresponde a direito potestativo do prejudicado, que se extingue em curto prazo de natureza decadencial (arts. 178 e 179). 3) A NULIDADE, quando manifesta, é decretável de ofício pelo juiz, e pode ser, sempre, arguida pelo Ministério Público (art. 168 e parágrafo único); a ANULABILIDADE não permite declaração ex officio, nem por provocação do Ministério Público, visto que "só os interessados a podem alegar" (art. 177, 2ª parte). 4) A NULIDADE, em princípio, impede que o negócio produza efeitos jurídicos; enquanto o negócio ANULÁVEL tem assegurada a produção de todos os seus efeitos jurídicos, enquanto o interessado não promover-lhe a invalidação (art. 177, 1ª parte); 5) A NULIDADE, quando objeto de sentença, corresponde ao provimento de ação declaratória; a ANULABILIDADE é sempre objeto de ação constitutiva. (THEODORO JÚNIOR, 2003, p. 548-550)

Portanto, a nulidade ocorre quando falta um requisito essencial para o negócio jurídico, como um contrato assinado por um absolutamente incapaz, em que o evento se tornará defeituoso e o contrato não terá um requisito essencial (MELLO, 2017, p. 70. Desta forma, o negócio jurídico não pode perdurar no mundo jurídico, sendo considerado inválido, portanto, nulo.

Quanto a anulabilidade de um contrato, tem-se a representação de um grau menor do defeito, visto que não afeta tão profundamente o negócio jurídico (MELLO, 2017, p. 70). Portanto, o contrato ainda pode estar apto para produzir efeitos, contudo, a lei confere a uma das partes a faculdade de requerer a anulação, nos termos do artigo 171 do Código Civil. Assim, será eliminado retroativamente o vício que permeia o contrato, promovendo a desconstituição do ato defeituoso, permitindo que possa prosseguir de forma válida (MELLO, 2017, p. 70). Em exemplificação, tem-se a ocorrência de que uma das partes acreditava que estava assinando com uma pessoa, quando na verdade era o irmão gêmeo dessa pessoa, em que a parte que incorreu em erro poderá pedir a anulação desse ato defeituoso e requerer a anulação desse ato defeituoso, devendo a pessoa correta assinar o contrato e permitindo que esse siga o seu curso. Contudo, tais institutos serão melhor analisados no próximo capítulo, no tocante aos vícios nos negócios jurídicos.

Sequencialmente, quanto à legitimidade, importante compreender que se caracteriza como a permissibilidade concedida pela lei para as partes contratarem, devendo o contrato conter estipulações que não sejam proibidas legalmente (LISBOA, 2008, p. 193). Assim, o contrato deve conter um objeto lícito, que deve ser alcançável e juridicamente possível, determinável e apreciável economicamente (LISBOA, 2008, p. 193). Dentro do plano da validade tem outros requisitos legais, como que a forma utilizada seja prescrita ou não proibida legalmente, em que este último ponto será adiante analisado.

O contrato dentro do contexto brasileiro, conforme comenta Flávio Tartuce (2017, p. 17), é no sentido de que "não há como desvincular o contrato da atual realidade nacional, surgindo a necessidade de dirigir os pactos para a consecução de finalidades que atendam aos interesses da coletividade.". Intrinsicamente, tem-se que:

> Obrigação é a relação jurídica de caráter transitório, estabelecido entre devedor e credor, e cujo objeto consiste numa prestação pessoal econômica, positiva ou negativa, devida pelo primeiro ao segundo, garantindo-lhe o adimplemento por intermédio de seu patrimônio. (MONTEIRO, 2003, p. 8)

O contrato, portanto, possui a sua formação pautada em uma vinculação obrigacional, estabelecida entre as partes que pretendem estabelecer efeitos que sejam reconhecidos socialmente. Em termos conceituais, Flávio Tartuce (2017, p. 17) considera que:

> O contrato é um ato jurídico bilateral, dependente de pelo menos duas declarações de vontade, cujo objetivo é a criação, a alteração ou até mesmo a extinção de direitos e deveres de conteúdo patrimonial. Os contratos são, em suma, todos os tipos de convenções ou estipulações que possam ser criadas pelo acordo de vontades e por outros fatores acessórios.

Carlos Roberto Gonçalves (2020, p. 24-25) afirma que:

> O contrato é uma espécie de negócio jurídico que depende, para a sua formação, a participação de pelo menos duas partes. É, portanto, negócio jurídico bilateral ou plurilateral. (...) Em sentido estrito, todavia, o conceito de contrato restringe-se aos pactos que criem, modifiquem ou extingam relações patrimoniais (...)

Complementarmente, Álvaro Villaça Azevedo (2019, p. 23) ensina que:

> Conceituo obrigação como a relação jurídica transitória, de natureza econômica, pela qual o devedor fica vinculado ao credor, devendo cumprir determinada prestação pessoal, positiva ou negativa, cujo inadimplemento enseja a este executar o patrimônio daquele para satisfação de seu interesse.
>
> Esse conceito restará vivo em cada contrato, pois, sempre, neste haverá um credor no aguardo do cumprimento, pelo devedor, de uma prestação jurídica de dar, fazer, ou não fazer alguma coisa no interesse daquele que tem, como garantia dessa execução, o patrimônio do mesmo devedor.
>
> Assim, por exemplo, na compra e venda de determinado objeto por determinado preço, há o credor do preço e o do objeto, como o devedor do objeto e do preço.

No mesmo sentido afirma Cleyson de Moraes Mello (2017, p. 28), em que o contrato representa um negócio jurídico de natureza bilateral ou plurilateral. De acordo com o autor (MELLO, 2017, p. 28), o contrato "representa um acordo (pacto) de duas ou mais vontades, cujos interesses se contrapõem, já que uma das partes contratantes quer a prestação e a outra a contraprestação.".

Um conceito atual de contrato deve levar em consideração não apenas as interações entre as partes envolvidas no acordo de vontades, mas também os seus reflexos. É o que considera Cleyson de Moraes Mello (2017, p. 28), ao mencionar que o contrato "deve refletir as suas conexões externas (relação do contrato com o mercado - plano econômico) e a sua inserção no "mundo da vida" (mundo vivido, Dasein, ser-no-mundo).". Em complementação, nos ensinamentos de Flávio Tartuce (2017, p. 17):

> Dentro desse contexto, o contrato é um ato jurídico em sentido amplo, em que há o elemento norteador da vontade humana que pretende um objetivo de cunho patrimonial (ato jurígeno); constitui um negócio jurídico por excelência. Para existir o contrato, seu objeto ou conteúdo deve ser lícito, não podendo contrariar o ordenamento jurídico, a boa-fé, a sua função social e econômica e os bons costumes.

Destaque para o caráter oneroso das relações contratuais, referenciado nos conceitos de contrato. O acordo de vontade entre as partes, seja de forma bilateral ou plurilateral, tem por objetivo primordial, nas palavras de Flávio Tartuce (2017, p. 17), a "criação, modificação ou extinção de direitos e deveres com conteúdo patrimonial."

Para Paulo Lôbo (2017, p. 13):

> O contrato é o instrumento por excelência da autocomposição dos interesses e da realização pacífica das transações ou do tráfico jurídico, no cotidiano de cada pessoa. Esta sempre foi sua destinação, em todos os povos, a partir de quando abriram mão da força bruta para obtenção e circulação dos bens da vida, em prol do reconhecimento de obrigações nascidas do consenso das próprias partes. O contrato gera nas partes a convicção da certeza e da segurança de que as obrigações assumidas serão cumpridas e, se não o forem, de que poderão requerer judicialmente a execução forçada e a reparação pelas perdas e danos.

Percebe-se então o caráter social do contrato, enquanto mecanismo capaz de gerar obrigações recíprocas entre as pessoas. Por esta razão, em razão do cerne social estar em constante evolução, conforme evidenciado pela incidência da sociedade da informação, existe na modernidade uma crescente preocupação para com a sobrevivência do instituto. Fala-se em crise dos contratos, com a possibilidade de completa extinção desse mecanismo (TARTUCE, 2017, p. 19).

Flávio Tartuce critica essa corrente de pensamento, por entender que não há de se falar em extinção dos contratos, decorrência lógica da aceitação da ideia de crise dos contratos. Para o autor (TARTUCE, 2017, p. 19-20), o que está acontecendo na sistemática contratual moderna é "uma intensa e convulsiva transformação, uma renovação dos pressupostos e princípios da Teoria Geral dos Contratos, que tem por função redimensionar seus limites, e não extingui-los".

Portanto, o contrato moderno passa por uma reformulação estrutural, em que de acordo com Cleyson de Moraes Mello (2017, p. 29): "o contrato outrora de índole individualista e liberal deve sofrer uma abertura de modernos horizontes hermenêuticos." A finalidade dessa transformação é permitir a compatibilização do instituto com exigências da modernidade ou da pós-modernidade. Neste sentido, tem-se a estruturação dos contratos eletrônicos, aqueles celebrados por intermédio da internet, compreendidos como muito mais dinâmicos (MELLO, 2017, p. 29).

A evolução dos contratos é compatível com a sua finalidade, tendo em vista o seu papel de compatibilizar as vontades individuais. Como as relações entre particulares passou e segue passando por transformações, é compreensível que a teoria dos contratos tenha que se adaptar. Na sociedade da informação, a operacionalização contratual passa a ser constante, conforme comenta Paulo Lôbo (2017, p. 13) que "Até mesmo quando dormimos poderemos estar assumindo obrigações contratuais, como se dá com o fornecimento contínuo de luz ou de água.".

Ainda, Paulo Lôbo (2017, p. 14) leciona que:

> O contrato mudou muito, desde quando foi concebido como expressão da autonomia da vontade individual, máxime com a teorização doutrinária que desaguou na abstração do negócio jurídico, do qual passou a ser classificado como espécie. Ao contrário da experiência dos antigos romanos e do direito medieval, que

emprestaram mais essencialidade à forma, ao tipo e ao reconhecimento jurídico oficial, a concepção de contrato, no período do liberalismo individualista, revolucionou no sentido de atribuir à vontade a qualidade de núcleo central, em torno do qual gravitam os princípios, regras e categorias prescritivas e descritivas.

Percebe-se, nesse sentido, que a teoria dos contratos está em constante transformação. Enquanto no passado a forma do contrato representava um dos seus principais elementos, a partir do liberalismo a vontade das partes ganhou mais relevo, sendo, não raras vezes, mais importante do que a forma do contrato em si. Portanto, faz-se por necessário compreender a estruturação dos contratos eletrônicos e como são operacionalizados no metaverso.

## 2.4 A OPERACIONALIZAÇÃO DOS CONTRATOS ELETRÔNICOS FORMALIZADOS NO METAVERSO

A evolução contratual, conforme analisado, acompanha a própria transformação social, nos parâmetros da sociedade da informação. Neste sentido, os moldes da estruturação contratual devem permear os anseios sociais e estar constantemente em modificação. Todavia, cumpre destacar que para um contrato ser válido deve possuir um objeto lícito, e este deve ser físico e juridicamente alcançável, conforme ensina Carlos Roberto Gonçalves (2020, p. 24-25). Contudo, um contrato celebrado dentro do metaverso poderá fornecer a transação de um objeto disposto naquele ambiente virtual, não sendo, necessariamente acessível fisicamente no mundo tradicional.

Neste sentido, torna-se exponencial entender que o consumidor presente na sociedade da informação passa utilizar ambientes remotos de consumo, tendo mais conhecimento sobre seus direitos, realizando compras com um "clique" e sendo caracterizado pelo interesse de poder ter acesso a algo de forma rápida, alcançando, segundo Patrícia Peck, a conceituação de consumidor *online* (PINHEIRO, 2021, p. 56). Portanto, como no ambiente eletrônico as partes não negociarão de modo presencial, não havendo manuseio do produto, há informações essenciais que o consumidor precisa estar atento para não ter problemas após ter efetivado a contratação eletrônica (PINHEIRO, 2021, p. 56).

Por conseguinte, conforme analisado, o ambiente do metaverso passa a ser essencial para esta mudança cultural do consumidor na sociedade da informação, em virtude de que possibilita que, por exemplo, um produto possa ser experimentado virtualmente e facilite a escolha de compra. Contudo, a forma que o negócio jurídico ocorrerá dentro do metaverso também será diferente da tradicional. Neste sentido, compreende-se que a forma é o meio que o agente expressa a sua vontade de realizar um negócio jurídico, em que não pode existir um contrato sem uma forma, podendo ser prescrita em lei ou ter uma forma livre, desde que não proibida legalmente (AZEVEDO, 2018, p. 134). Estruturalmente, tem-se que:

> Considerada, pois, a forma como deve ser aqui, sob o ângulo do negócio em si, pode ela ser expressa ou tácita. Negócios com forma expressa são, como diz o art. 217 do Código Civil português, aqueles nos quais a declaração é feita "por palavras, escrito ou qualquer outro meio direto de manifestação de vontade". Negócios com forma tácita, por sua vez, são aqueles em que a declaração se deduz de fatos e atos que a revelam. (AZEVEDO, 2018, p. 134)

Portanto, conforme será melhor analisado posteriormente, o contrato transacionado dentro do ambiente do metaverso também possuirá uma forma, em que a diferença estará na externalização da declaração da vontade ocorrendo dentro do próprio ambiente do metaverso. Assim, sendo os contratos eletrônicos novas formas de contratar, faz-se por necessário compreender suas principais características e analisar como podem ser formalizados no ambiente do metaverso.

Conceitualmente, Rodrigo Fernandes Rebouças (2018, p. 25) afirma que: "(...) o contrato eletrônico é caracterizado pelo momento e pelo meio empregado para a sua formação, ou seja, há o binômio de 'momento' e 'meio'.". Ainda define Newton de Lucca (2003, p. 33) que seria: "(...) o negócio jurídico bilateral que tem o computador e uma rede de comunicação como suportes básicos para sua celebração.". Contudo, afirma Rodrigo Fernandes Rebouças (2018, p. 26) que:

> (...) já não é necessário possuir ou portar um computador para a sua celebração (hoje pode ser realizado por aparelhos móveis do tipo smartphone ou por tablets) e não mais computadores tradicionais como eram até então conhecidos, nem tão pouco da utilização de uma rede de telecomunicação, já que são admitidos outros meios de conexão à Internet tal como a rede elétrica.

Neste sentido, afirma Ricardo Luis Lorenzetti (2004, p.

285-287):

> O contrato eletrônico caracteriza-se pelo meio empregado para a sua celebração, para o seu cumprimento ou para a sua execução, seja em uma ou nas três etapas, de forma total ou parcial. (...) O contrato pode ser celebrado digitalmente, de forma total ou parcial. No primeiro caso, as partes elaboram e enviam as suas declarações de vontade (intercâmbio eletrônico de dados ou comunicação digital interativa); no segundo, apenas um dos aspectos é digital: uma parte pode formular sua declaração e a seguir utilizar o meio digital para enviá-la; pode enviar um e-mail e receber um documento por escrito para assinar. (...) Uma vez constatado que o meio digital é utilizado para celebrar, cumprir ou executar um acordo, estaremos diante de um 'contrato eletrônico'. Entretanto, o legislador poderá excluir hipóteses de fato que, ainda que apesentem estas características, sejam consideradas como não passíveis de veiculação por este meio por razões de política legislativa, como os contratos de trabalho, os contratos sobre direitos personalíssimos e os contratos de seguro de saúde.

Lorenzetti, portanto, define que os contratos eletrônicos podem ganhar vida em qualquer fase, podendo ser celebrado virtualmente de forma total ou parcial. Contudo, e levando em consideração o objeto de estudo aqui pretendido, no metaverso os contratos eletrônicos serão constituídos, na maioria das vezes, inteiramente neste ambiente virtual. Neste sentido, importante apresentar a definição de Rodrigo Fernandes Rebouças (2018, p. 33), em que:

> (...) o contrato eletrônico *deve ser conceituado* como o negócio jurídico contratual realizado pela manifestação de vontade, das posições jurídicas ativa e passiva, expressada por meio (= forma) eletrônico no momento de sua formação. Portanto, a manifestação de vontade por meio eletrônico sobrepõe a sua instrumentalização, de maneira que não é uma nova categoria contratual, mas sim, forma de contratação por manifestação da vontade expressada pelo meio eletrônico.

Por consequência, com esta conceituação, a problemática do contrato ser operacionalizado inteiramente dentro do ambiente do metaverso é superada. Ainda, o autor também apresenta uma importante contribuição, no sentido de que os contratos eletrônicos não constituem uma nova categoria contratual, mas sim a forma de contratação que possui a declaração da vontade expressada por meio eletrônico (REBOUÇAS, 2018, p. 33). Neste mesmo sentido entende Haroldo Malheiros, em que o contrato eletrônico não constitui uma nova categoria contratual, dentro do entendimento da esfera da tipicidade contratual, e sim uma nova forma de contratação que se dá pelo meio eletrônico, diferenciando-se dos contratos tradicionais (VERÇOSA, 2011, p. 464).

Sequencialmente, compreendida a questão conceitual, torna-se imprescindível compreender os princípios aplicáveis aos contratos eletrônicos, em que inicialmente se tem o princípio da confiança, sendo essencial no comércio eletrônico e, por consequência, nos contratos eletrônicos (BAGGIO, 2022, p. 92). Contextualmente, tem-se que o princípio da confiança está pautado na base dos princípios da lealdade e da boa-fé objetiva, em que os envolvidos precisam proteger os legítimos interesses das partes, visando a que cada uma cumpra com os termos das suas declarações de vontades (BAGGIO, 2022, p. 93).

Ainda, tem-se o princípio da informação, pautado no dever do fornecedor e prestador de serviços informarem, de forma clara e compreensível, os detalhes, particularidades e precauções de produtos e serviços, visando a que o consumidor possa compreender todos os liames daquilo que deseja adquirir (BAGGIO, 2022, p. 95). Contudo, verifica-se que este dever de informação também deve ser estendido ao consumidor, em que este deve informar com veracidade as informações que são essenciais para a formalização da contratação eletrônica, visando a que o fornecedor ou prestador de serviço não sejam induzidos em erro, conforme será analisado no próximo capítulo.

Por fim, tem-se o princípio da transparência, sendo um desdobramento do princípio da informação, e que visa assegurar ao consumidor a ciência daquilo que está assumindo, que somente se torna possível de forma plena mediante a informação de todos os dados necessários à tomada de decisão, ou não, pelo consumo, do produto ou do serviço, de modo eficiente, com clareza e precisão (BAGGIO, 2022, p. 93). Em verdade, tem-se a necessidade de tutela das legítimas expectativas criadas na relação de consumo, portanto, o princípio da transparência se apresenta como forma de proteção pré-contratual, visando a mitigar a possibilidade de danos resultados do desconhecimento pela parte vulnerável sobre o conteúdo do contrato ou quanto a dados específicos do produto ou serviço (BAGGIO, 2022, p. 96).

Sequencialmente, compreendido as suas principiologias, faz-se necessário analisar como os contratos eletrônicos são tradicionalmente operacionalizados, para então entender como podem ser formalizados no metaverso. Primordialmente, e sem objetivo de exaurimento do tema, é imperioso abordar os mesmos planos que constituem os negócios jurídicos, sendo os planos da existência, validade e eficácia, em que este último não faz parte do objeto desta pesquisa, como já evidenciado.

No plano da existência, Rodrigo Fernandes Rebouças (2018, p. 28) entende que a fase do processo obrigacional é fundamental para identificar a existência do contrato eletrônico, em que a partir do momento da declaração da vontade externalizadas entre as partes por meio eletrônico, tem-se a constituição do contrato eletrônico. Portanto, dentro do ambiente do metaverso, em exemplificação, esta declaração da vontade poderá ser externalizada por intermédio do encontro das partes em uma sala de reunião virtual, em que realizarão a declaração da vontade de contratar e definirão os liames contratuais.

No plano da validade, o primeiro ponto a ser analisado é se a formalização de um contrato eletrônico é proibida legalmente. Neste sentido, ensina Newton de Lucca (2003, p. 94) que:

> A primeira observação a ser feita sobre os contratos telemáticos, ao que parece, não obstante sua aparente obviedade, é que nada impede possam eles ser livremente celebrados pelos que assim o desejarem. Inexiste norma

jurídica em nossa ordenação que proíba a realização de contratos por tal meio. A única exceção, evidentemente, diz respeito às hipóteses legalmente previstas, para as quais se exige forma solene para que possa o ato jurídico produzir os efeitos jurídicos pertinentes.

No mesmo sentido entende Rodrigo Fernandes Rebouças (2018, p. 35), em que:

> (...) o vigente ordenamento aplicável aos contratos em geral e, em especial, toda a teoria geral dos contratos, são instrumentos e "ferramentas" disponíveis aos operadores do direito e à sociedade como um todo, suficientes para regular e gerar segurança jurídica aos denominados contratos eletrônicos, devendo apenas, em situações que demandem maior segurança jurídica (tais como os negócios jurídicos de direito real), verificar a necessidade de um regramento específico.

Em complementação, Karl Engisch (2008, p. 173-174) define que:

> (...) novos fenômenos técnicos, económicos, sociais, políticos, culturais e morais têm de ser juridicamente apreciados com base nas normas jurídicas preexistentes. (...) Não pode ser nossa tarefa deixarmos o presente com os seus problemas e retrocedermos anos ou décadas para entrar no espírito de um legislador que propriamente nos não interessa já. Logo: *interpretativo ex nunc e não interpretatito ex tunc*. A partir da situação presente é que nós, a quem a lei se dirige e que temos de afeiçoar de acordo com ela a nossa existência, havemos de retirar da mesma lei aquilo que para nós é racional, apropriado e adaptado às circunstâncias. Fidelidade à situação presente, interpretação de acordo com a época actual, tal a tarefa do jurista. A sua mirada não vai dirigida para o passado, mas para o presente e o futuro.

Portanto, resta por superada a problemática de que os contratos eletrônicos não são proibidos legalmente e os próprios ditames legislativos podem ser apreciados, no que for cabível, aos contratos eletrônicos. Contudo, cumpre destacar que estes devem seguir as mesmas sistemáticas principiológicas que definem os contratos tradicionais. Em exemplificação, ainda que eletrônico, um contrato não pode ter como seu objeto algo que seja defeso legalmente, como a transação de entorpecentes.

Em relação ao plano da validade, faz-se por importante ressaltar o requisito da capacidade das partes, que será essencial para analisar o capítulo subsequente, lembrando que mesmo com a declaração de vontade e existência do contrato, impõe-se que as partes estejam no pleno gozo de suas faculdades mentais (AZEVEDO, 2018, p. 24). Portanto, um contrato eletrônico, para ser válido, deve conter os mesmos elementos essenciais do contrato tradicional, como a capacidade das partes, a legitimidade, a vontade livre e a vontade não viciada por erro (AZEVEDO, 2018, p. 125).

Igualmente, uma contratação eletrônica deve permitir que, por meio do negócio jurídico, materializado pela declaração, em forma de um contrato eletrônico, as partes discutam a respeito de interesses privados, constituindo a autonomia privada. Pensando no ambiente do metaverso, em exemplificação, as partes que estarão dispostas em uma sala de reunião virtual devem possuir capacidade para contratarem, devem também externalizar a vontade de contratar e então negociarem termos lícitos em relação ao conteúdo e objeto do negócio jurídico, nos termos da autonomia privada das partes.

Neste sentido, tem-se a seguinte problemática:

> Os requisitos de objeto lícito, possível, determinado ou determinável e não impedimento legal, não geram maiores debates, já que não há qualquer impedimento para as atividades desenvolvidas no metaverso. Contudo, o requisito de se ter um agente capaz na relação jurídica travada é, dentre todos, o que traz maior dificuldade, já que é necessário garantir que as pessoas que estão realizando o negócio jurídico em ambiente virtual, ainda que por meio de seus avatares, sejam dotadas de personalidade jurídica. (PIRONTI; KEPPEN, 2021, p. 61)

Portanto, medidas de validação da identidade e capacidade das partes são essenciais para serem estruturadas no ambiente do metaverso. Em verdade, para que as contratações eletrônicas formalizadas neste ambiente virtual sejam válidas, é fundamental o estabelecimento de regras e verificações para que seja possível tutelar a segurança jurídica dos contratantes. Assim, os pontos que serão analisados no próximo capítulo serão essenciais para conferir a referida validade jurídica.

Previamente, cumpre analisar as formas das contratações por meio eletrônico, e ressaltando que o objetivo aqui estipulado não é o exaurimento teórico e sim a possibilitação de compreensão temática ao leitor, tradicionalmente se tem quatro modalidades: (a) contratações interpessoais; (b) contratações interativas; (c) contratações intersistêmicas; e (d) *smart contracts.*

As contratações interpessoais podem ser definidas como a: "(...) necessidade de ação humana de forma direta, envolvendo os momentos da oferta ou da proposta e o momento do aceite ou da nova proposta (contraproposta), ambas as ações demandam a ação humana e a respectiva declaração de vontade." (REBOUÇAS, 2018, p. 41). Portanto, pensando no ambiente do metaverso, tem-se a possibilidade de dois agentes reunidos em uma sala de reunião virtual, que realizam a declaração de vontade no sentido de um comprar e o outro vender um tênis, como será apreciado posteriormente.

As contratações interativas podem ser definidas nas palavras de Rodrigo Fernandes Rebouças (2018, p. 47) da seguinte forma:

> (...) podemos caracterizar tal modalidade de negócio jurídico como aquele em que a sua formação ocorre com a interação de um agente (sujeito de direito) e um site, um aplicativo ou outra forma sistêmica (sistema de computador), normalmente caracterizando uma loja virtual de determinado estabelecimento de uma sociedade empresária. Há a interação, ou melhor, a interatividade entre a pessoa natural (agindo em nome próprio ou representando uma pessoa jurídica) e uma automatização do comércio eletrônico.

Em outras palavras, tem-se o seguinte ensinamento:
> Na esfera da contratação no ambiente do comércio

> eletrônico os negócios jurídicos por clique são amplamente utilizados e são conhecidos no direito comparado como *click-through agreements*. São assim designados, haja vista seus termos serem aceitos por intermédio da confirmação digital na tela do monitor do computador, no mais das vezes utilizando o mouse. Em muitos casos o operador do web site oferece as mercadorias ou serviços para venda, e o consumidor adquire completando e transmitindo uma ordem de compra disposta na tela do computador. A partir do momento em que se configura a aceitação, o contrato considera-se formado. (LAWAND, 2003, p. 103)

Por conseguinte, no ambiente do metaverso, tem-se a exemplificação de um usuário (o agente que se cadastrou e está virtualmente inserido dentro do metaverso) que visualiza a oferta de um produto ao estar caminhando no ambiente virtual e, por intermédio de um "clique" no anúncio declara a sua vontade e realiza a compra do objeto. Concomitantemente, o sistema automatizado da loja que fornece o produto declarará sua vontade de venda, por intermédio da programação previamente inserida, e as partes poderão transacionar.

Sequencialmente, tem-se as contratações intersistêmicas, sendo importante destacar que estas não fazem parte do objeto de pesquisa aqui pretendido, cumprindo informar que:

> (...) tal forma de contratação ocorre nas hipóteses em que são realizadas operações de compra e venda, por exemplo, de forma automatizada entre um distribuidor e o produtor. Ou seja, são hipóteses em que houve uma prévia programação pelos representantes legais de cada uma das sociedades empresárias ou do próprio consumidor, no sentido de que ao realizar a venda de um produto para a outra parte, ou para o consumidor, o sistema irá automaticamente realizar a baixa de tal produto no estoque e, havendo necessidade, emitirá uma ordem automática de compra junto ao produtor para a reposição dos níveis do estoque. (REBOUÇAS, 2018, p. 52)

No ambiente do metaverso, esta forma de contratação eletrônica pode ser pensada na ocorrência de uma empresa disposta no metaverso possuir uma prévia programação para sempre que realizar a venda de um produto virtual, automaticamente solicitar a compra ao fornecedor virtual de um novo produto. Assim, pensando no exemplo acima, quando um consumidor comprar um tênis em um anúncio, a loja que realizou a venda já teria uma programação específica para solicitar um novo produto ao seu fornecedor. Nestes termos, cumpre explicar que tal forma de contratação eletrônica não faz parte do objeto de estudo desta pesquisa em razão de estar caracterizada por uma programação prévia e não possuir altos riscos para a segurança jurídica das partes no tocante da capacidade dos contratantes.

A última forma a ser analisada se refere às contratações eletrônicas realizadas por *smart contracts,* sendo importante compreender que: "(...) são caracterizados por uma prévia programação de dados, atualmente utilizando linguagens de programação que possam garantir a inviolabilidade por um sistema de criptografia e verificação pública, tal como se dá com o *blockchain* (...)" (REBOUÇAS, 2018, p. 56). Ainda, importante compreender que:

> Uma vez realizada a prévia programação de todo o instrumento contratual e respectivos direitos e obrigações das partes (fase interpessoal), os quais serão eletronicamente verificados tal como o pagamento e/ou a entrega de determinado bem ou serviço, haverá a automática execução eletrônica de todas as demais obrigações contratuais, tais como a liberação de garantias, pagamento do preço, remessa do produto ao comprador, etc. (fase intersistêmica). (REBOUÇAS, 2018, p. 57).

Levando em consideração a sistemática englobada pelos *smart contracts*, não seria plausível analisá-los neste estudo. Portanto, resguardar-se-á sua apreciação para o próximo capítulo, como mecanismo de solução para a problemática proposta nesta pesquisa. Igualmente, sua estruturação dentro do ambiente do metaverso será analisada no próximo capítulo.

Por conseguinte, compreende-se que a aplicação das regras dos contratos em geral pode serem aplicadas a operacionalização dos contratos eletrônicos. Neste sentido, tem-se que:

> Para a teoria da responsabilidade, haverá a prevalência da vontade à declaração, porém o seu declarante deverá responder por perdas e danos eventualmente gerados em função do equívoco cometido. Já a teoria da confiança, tem maior proximidade com a objetiva (declaração), uma vez que terá prevalência a declaração em relação à vontade, quanto tal declaração gerar uma justa expectativa no seu destinatário. A teoria da confiança tem uma íntima relação com o princípio da boa-fé objetiva insculpido no artigo 422 do Código Civil.
> Já o artigo 112 do Código Civil, aponta para a regra da teoria da responsabilidade, ao determinar que havendo divergência entre vontade e declaração, deverá prevalecer a intenção. (REBOUÇAS, 2018, p. 54-55)

Ainda, segundo a posição de Francisco Amaral (2008, p. 395), tem-se que:

> Creio, porém, ser mais acertado dizer que o sistema do Código Civil de 2002, tomando como ponto de partida a declaração da vontade (na qual a intenção se consubstancia) e como critério de interpretação a boa-fé e os usos do lugar (art. 113), optou pela concepção objetiva e, consequentemente, pela teoria da declaração.

Portanto, a adequação dessa intenção é suficiente para permitir que as partes tenham a liberdade de contratar dentro do ambiente do metaverso, principalmente quando se leva em consideração a autonomia privada dos contratantes e o princípio da liberdade contratual. Neste sentido, tem-se que:

> Portanto, no que se refere a validade de tal meio de contratação e a respectiva formação do contrato, discordamos de respeitáveis posicionamentos em sentido contrário, para entender que a teoria geral dos contratos é suficiente para solucionar eventuais dúvidas ou questionamentos quanto à existência, validade e eficácia dos contratos eletrônicos intersistêmicos. (REBOUÇAS, 2018, p. 56)

Assim, considerando os aspectos legislativos, importante compreender a Lei nº 12.965/2014 para o objeto do presente estudo, visto que a lei institui o Marco Civil da Internet, especificamente, estabelece princípios, garantias, direitos e deveres para o uso da Internet no Brasil, sendo uma diretriz para a governança da utilização da Internet (BRASIL, 2014, *online*). Neste sentido, importante apresentar o seguinte ensinamento:

> (...) encontramos na lei a garantia da liberdade de expressão, a comunicação e a manifestação de pensamento, a proteção da privacidade, a proteção dos dados pessoais, a preservação e garantia da neutralidade de rede, a preservação da estabilidade, segurança e funcionalidade da rede, a responsabilização dos agentes de acordo com as suas atividades, a preservação da natureza participativa da rede e a liberdade dos modelos de negócios promovidos na internet, quando não conflitarem com os demais princípios estabelecidos nesta lei. (KOLBE, 2020, p. 22)

O Marco Civil da Internet busca justamente delinear a adequada utilização da internet e esta objetividade é essencial para o objeto de investigação do presente estudo, em virtude de que a estruturação dos contratos eletrônicos dentro do metaverso precisa seguir a referida modulação. Neste sentido, o artigo 5º, inciso X, da Lei nº 12.965/2014, determina o respeito de inviolabilidade da privacidade, abordando o sigilo dos dados pessoais dos usuários, especialmente no que se refere ao que na rede e o conteúdo das informações (BRASIL, 2014, *online*). Em exemplificação, a lei determina que não é permitido monitorar ou fiscalizar os pacotes de dados transmitidos pelos usuários da internet, em que, na eventualidade de acesso a esses dados, tem-se o requisito de apresentação de ordem judicial (KOLBE, 2020, p. 23).

A referida lei também apresenta um importante pilar, em relação a neutralidade da rede, determinado em seu artigo 9º (BRASIL, 2014, *online*). Portanto, em relação ao acesso à internet pelo usuário se tem a determinação que seja livre, de modo que o tratamento dever ser neutro, não havendo qualquer diferenciação em razão do uso realizado pelo internauta (KOLBE, 2020, p. 23-24). A base em questão é essencial para que haja tratamento igualitário em relação a todas as informações que circulam pela rede, evitando a restrição discricionária dos usuários.

Outro ponto importante apresentado pelo Marco Civil da Internet é o disposto no artigo 24 da referida lei, devendo serem estabelecidos mecanismos de governança multiparticipativa, transparente, colaborativa e democrática, sendo necessário a participação do governo, do setor empresarial, da sociedade civil e da comunidade acadêmica (BRASIL, 2014, *online*). A instituição dessa governança é essencial para a estruturação de diretrizes na operacionalização dos contratos eletrônicos no ambiente do metaverso, conforme será analisado no próximo capítulo.

Em complementação, necessita-se elencar a característica da virtualidade do objeto transacionado dentro do metaverso. Conforme já referido, este ambiente está caracterizado por sua virtualidade, portanto, e ao menos em tese, um bem que for estruturado dentro do contrato eletrônico será utilizado no ambiente virtual do metaverso. Diz-se em tese, em virtude de que, pensando na autonomia privada, um consumidor pode realizar a compra de um produto dentro do metaverso ao fim de conhecer as características daquele bem, mas escolher que o objeto seja entregue no mundo físico real. Contudo, tal circunstância não é objeto do presente estudo.

Para esta análise, em analogia ao que acontece no mundo dos jogos eletrônicos, importante compreender uma exemplificação dentro do ambiente do metaverso, em que os usuários podem dispor de roupagens para serem identificados dentro do ambiente virtual (LEE *et al.*, 2021, p. 3). Portanto, pensando nos bens virtuais, necessário compreender que:

> Nós desejamos objetos somente se eles não nos forem imediatamente entregues para o nosso uso e prazer, isto é, na medida em que eles re-sistem ao nosso desejo (...). Os objetos não são difíceis de se adquirirem porque são valiosos, mas chamamos de valiosos a esses objetos que resistem ao nosso desejo de possuí-los. Uma vez que o desejo encontra resistência e frustração, os objetos ganham um significado que nunca teria sido atribuído a eles por uma vontade não controlada. (SIMMEL, 1957, p. 63-64) [3]

Assim, dentro do ambiente do metaverso, os usuários podem procurar recursos que possam os diferenciar em relação aos demais (FALCÃO; MARQUES, 2017, p. 22). Por consequência, os bens virtuais tangenciam justamente a perspectiva do usuário em encontrar algo que lhe caracterize dentro do ambiente do metaverso, e por isso possui o interesse de adquirir um bem virtual que o represente e tenha um significado diferenciado dentro do ambiente (MACEDO; VIEIRA, 2018, p. 15). Assim, os bens virtuais permitem que os usuários possam ter mecanismos de personalizarem seus avatares, que os representam como se estivessem no mundo físico real (FALCÃO, MARQUES, 2017, p. 23). Em contextualização, torna-se importante analisar que:

> Ainda assim, esses objetos podem ser compreendidos de forma única e independente, de acordo com os valores que incutirão em cada sujeito, uma vez que cada jogador cria códigos e critérios para valorizar, de forma tangível (econômica) ou intangível (subjetiva). Seguindo esta análise, o consumo passa a ser visto como um processo de envolvimento com as mercadorias (objetos em jogo), momento este em que os sujeitos utilizam objetos como uma práxis no mundo. Nessa perspectiva, as mercadorias incidem, simultaneamente, nas práticas cotidianas e na construção de sentidos em jogo. (MACEDO; VIEIRA, 2018, p. 7)

Esses bens constituídos no ambiente do metaverso, por consequência, passam a ser compreendidos pelas valorações pessoais dos usuários, em virtude de alcançarem a qualidade econômica, ao serem pecuniariamente adquiridos dentro do ambiente do metaverso; e a apreciação subjetiva, ao incutirem uma representatividade ao usuário. Em exemplificação, constam as seguintes caracterizações:

> Relevância: poder, exclusividade pelo uso de *skins* (proveniência difícil), escassez de acesso, custo, avanço na hierarquia de status diante dos demais, confiança dos aliados (favorece o trabalho em equipe e a motivação para uma organização eficaz, a princípio), "vantagens" em configurações competitivas (imposição de medo nos inimigos a partir do uso da *skin*) e demonstrar um nível elevado de perícia com determinado personagem.
>
> Qualidade: aparência visual (estética) da *skin*, experiência estética (novas experiências com um

> personagem, mais opções sobre qual conteúdo usar),
> customização do personagem (obtenção de um conjunto
> de ativos que correspondem, em certo sentido, às
> preferências do jogador), relação emocional individual
> ou técnica com os personagens, desejos/sonhos do
> próprio jogador, referências culturais – *skins* sazonais
> nacionais, baseadas em eventos ou festividades
> mundiais – e autoexpressão (permite a expressão dos
> jogadores por meio das escolhas de compra). (MACEDO;
> VIEIRA, 2018, p. 20)

Nestes termos, dentro do ambiente do metaverso as *skins*, por exemplo, podem ser compreendidas como roupagens para os avatares dos usuários, permitindo a diferenciação pretendida em relação aos demais usuários. Por conseguinte, alcançam a caracterização de bens virtuais, que são transacionados dentro do ambiente do metaverso por intermédio de contratos eletrônicos, conforme já analisado. Na prática, tem-se o exemplo da Nike que lançou uma coleção de tênis digitais para o metaverso, com preços entre US$ 7.500 e US$ 9.000, mas que com o avanço das vendas o preço chegou a R$ 2,8 milhões (TURBIANI, 2022, *online*). Portanto, tem-se a comprovação do interesse dos usuários em possuírem bens que os diferenciem e, portanto, a autonomia privada em ter a declaração de vontade de realizar a contratação eletrônica para a compra do referido bem.

Por fim, visando a encerrar a análise pretendida neste capítulo em relação aos contratos eletrônicos no metaverso, é de se destacar que a declaração de vontade dentro do ambiente do metaverso poderá ocorrer por meio de um clique em um anúncio disposto dentro do ambiente virtual; da manifestação pela voz do usuário em desejar contratar determinado serviço ou produto; de mensagens dentro do próprio ambiente, dentre outros mecanimos que seriam possíveis utilizar dentro do metaverso. Quanto a diferenciação de um contrato eletrônico realizado em um site de comércio eletrônico a um realizado no metaverso, é que dentro deste último ambiente o usuário, por intermédio de seu avatar, tem a possibilidade de vivenciar virtualmente as características de um produto ou serviço que deseja comprar, por meio da imersão no ambiente virtual, o que ainda não é possível ocorrer em um site comum de *e-commerce* (PIRONTI; KEPPEN, 2021, p. 58).

Destarte, compreendidas estas características dos contratos eletrônicos e como podem ser operacionalizados no metaverso, faz-se por importante entender a intersecção prática das contratações eletrônicas formalizadas no metaverso. Sequencialmente, investigar a importância da aplicação do *compliance* contratual para a tutela da segurança jurídica das partes contratantes.

# CAPÍTULO 3

## A IMPORTÂNCIA DO COMPLIANCE CONTRATUAL PARA A PROTEÇÃO DA SEGURANÇA JURÍDICA DAS PARTES NAS CONTRATAÇÕES ELETRÔNICAS FORMALIZADAS NO METAVERSO

O presente capítulo busca tratar, em primeira instância, a análise conectiva entre a segurança jurídica das partes nas contratações eletrônicas formalizadas no metaverso. Sequencialmente, dentro do objeto de investigação do presente estudo, abordar quais os principais vícios que podem estar presentes nos negócios jurídicos. Para então analisar a importância da aplicação do compliance contratual para a proteção desta segurança jurídica. Pretende-se, nesse sentido, formar as bases para a apresentação de mecanismos práticos para alcançar a tutela da segurança jurídica das partes envolvidas nas contratações eletrônicas formalizadas no metaverso.

## 3.1 CONTEXTUALIZAÇÃO DA SEGURANÇA JURÍDICA DOS CONTRATANTES

A evolução da humanidade, conforme evidenciado, estruturou modificações no convívio social e na forma de realizar as contratações, estruturando relações negociais em um ambiente que vai além do mundo físico, por intermédio do metaverso. Portanto, nos termos da sociedade da informação, necessita-se compreender a intersecção entre os direitos da personalidade e as contratações eletrônicas formalizadas no metaverso. Primordialmente, é imprescindível referenciar os direitos da personalidade, que possuem relação com a análise da segurança jurídica das partes. Portanto, importante interpretar que os direitos da personalidade estão relacionados com as singularidades físicas ou morais da pessoa, especificamente conforme ensina Adriano de Cupis (1961, p. 17):

> Existem certos direitos sem os quais a personalidade restaria uma susceptibilidade completamente irrealizada privada de todo o valor concreto: direitos sem os quais todos os outros direitos subjetivos perderiam todo o interesse para o indivíduo, o que equivale a dizer que, se eles não existissem, a pessoa não existiria como tal. São esses os chamados "direitos essenciais" com os quais se identificam precisamente os direitos de personalidade.

Portanto, os direitos da personalidade são as determinações inerentes ao ser e convalidam a justificação existencial do próprio ser humano, constituindo:

> (...) direitos inatos – como a maioria dos escritores ora atesta –, cabendo ao Estado apenas reconhecê-los e sancioná-los em um ou outro plano do direito positivo – em nível constitucional ou em nível de legislação ordinária –, e dotando-os de proteção própria, conforme o tipo de relacionamento a que se volte, a saber: contra o arbítrio do poder público ou as incursões de particulares. (BITTAR, 2015, p. 38)

Os direitos da personalidade estão intimamente relacionados com a própria dignidade do ser humano e, por esta aproximação, devem alcançar a tutela jurídica própria para que não sejam aviltados. Os negócios jurídicos igualmente devem estruturar mecanismos para impedir a violação destas garantias. Por consequência, faz-se por essencial analisar as intersecções práticas dos direitos da personalidade nas contratações eletrônicas formalizadas no metaverso.

Previamente, visando à compreensão didática e nos termos analisados no capítulo anterior, é importante propor o exemplo hipotético do negócio jurídico realizado no metaverso entre um consumidor e uma empresa online de fornecimento de produtos. Fundamentalmente, o comprador utiliza o ambiente do metaverso para conhecer as características do objeto, como um tênis, virtualmente as visualizando, e, sendo do seu agrado, a declaração de vontade é externalizada entre as partes e o acordo de vontade é firmado mediante um contrato eletrônico de compra e venda do tênis, realizado eletronicamente no ambiente do metaverso.

Operacionalmente, tem-se a empresa fornecendo as características do tênis para que o consumidor as visualize na plataforma virtual e possa entender os liames do produto, como se presencialmente o estivesse conhecendo. Consequentemente, o contrato eletrônico é firmado no próprio ambiente virtual, formalizando a vontade das partes naquele momento.

Nestes termos, é essencial compreender que neste hipotético negócio jurídico, a dignidade humana deve ser elencada como o primeiro aparato protetivo por parte da empresa fornecedora do produto. Em especial, tal principiologia tem a sua tutela incrustada no artigo 1º, inciso III, da Constituição Federal (BRASIL, 1988, *online*), e pode ser definida, segundo o ensinamento de Ingo Sarlet (2011, p. 73), como:

> (...) a qualidade intrínseca e distintiva reconhecida em cada ser humano que o faz merecedor do mesmo respeito

e consideração por parte do estado e da comunidade, implicando, nesse sentido, um complexo de direitos e deveres fundamentais que assegurem a pessoa tanto contra todo e qualquer ato de cunho degradante e desumano, como venham a lhe garantir as condições existenciais mínimas para uma vida saudável, além de propiciar e promover uma participação ativa e co-responsável nos destinos da própria existência e da vida em comunhão com os demais seres humanos, mediante o devido respeito aos demais seres que integram a rede da vida.

Na prática do negócio jurídico, a empresa não poderá proibir, de forma discricionária, que determinados consumidores venham buscar seus produtos. Em exemplificação, na eventualidade da relação negocial ter como parte envolvida uma pessoa que trabalhe em uma ferrenha concorrente da empresa negociante, esta não poderá restringir a venda do seu produto, pois, na eventualidade de efetuar o ato em questão, violará a dignidade da parte envolvida (GUERRA, 2019, p. 37-45).

No mesmo sentido, tem-se o direito à liberdade, tutelado pela Constituição Federal no *caput* do seu artigo 5ª (BRASIL, 1988, *online*), podendo ser compreendido como a faculdade "que tem a pessoa de desenvolver, sem obstáculos, suas atividades no mundo das relações." (BITTAR, 2015, p. 101) Em exemplificação, Jorge Fujita apresenta o seguinte:

Exemplos: a) violação do direito à liberdade de exercício de atividade de jornalismo: exclusão de uma emissora de televisão, com privilégio de uma outra empresa televisiva, numa entrevista coletiva do Presidente da República; 2) violação do direito à liberdade de associação: ato de uma federação de um determinado segmento da indústria de impedir que uma sociedade empresária, a qual preenche todos os requisitos estatutários, possa ingressar em seu quadro associativo. (FUJITA, 2013, p. 17)

Especificamente, entende-se que os usuários que adentrarem o ambiente do metaverso poderão ter liberdade para negociar com as empresas que desejarem, dentro das regras estabelecidas. Portanto, o ambiente do metaverso precisa permitir que seus usuários acessem e permaneçam no sistema de forma livre e digna, sem a ocorrência de limitações discricionárias que impossibilitem, por exemplo, os consumidores a utilizarem o ambiente do metaverso.

Ainda, tem-se o direito à intimidade, que deve ser mantido como elemento essencial para o desenvolvimento do negócio jurídico supramencionado. A própria Constituição Federal, em seu inciso X, do artigo 5º, apresenta a inviolabilidade da intimidade (BRASIL, 1988, *online*). Em contextualização, faz-se importante compreender que:

> O direito à intimidade, aquele que resguarda o indivíduo nas suas relações subjetivas, íntimas e que não deseja torná-la pública, como por exemplo, os segredos e assuntos que só importam à sua pessoa. Também é intrínseco ao indivíduo, que deve ter a escolha e possibilidade de manter este véu de sigilo e proteção. (SANTOS; MIRANDA, 2017, p. 3)

Em complementação, Jorge Fujita apresenta as seguintes exemplificações:

> Podemos dar alguns exemplos de violação do direito à intimidade: 1) violação de domicílio; 2) violação a gavetas ou arquivos existentes no estabelecimento; 3) a divulgação geral não autorizada de dados cadastrais obtidos, para seus próprios fins, por um determinado estabelecimento de crédito, oferecendo a terceiros, de maneira indesejada, o perfil econômico da pessoa jurídica; 4) grampeamento telefônico; 5) tirar fotografias, mediante teleobjetivas ou por minicâmeras, do interior do estabelecimento administrativo ou fabril, devassando a sua intimidade. (FUJITA, 2013, p. 16)

Por conseguinte, dentro do ambiente do metaverso a empresa deve disponibilizar a exposição das características do seu produto com a máxima proteção a este direito da personalidade. Em tom prático, o consumidor dentro do metaverso deve ter o direito de utilizar a plataforma digital da empresa de forma sigilosa, da mesma forma que deve realizar a formalização da contratação eletrônica com a máxima proteção. Portanto, e em exemplificação, sem a devida autorização a empresa não pode divulgar, no ambiente do metaverso (ou fora dele), quais pessoas estão comprando os seus produtos, sob pena de estar violando a intimidade do cliente (GUERRA, 2019, p. 37-45).

O direito ao sigilo, complementarmente, tutelado no artigo 5º, inciso XII, da Constituição Federal (BRASIL, 2002, *online*), verifica-se como aquele ligado aos interesses documentais, profissionais, industriais ou comerciais (FUJITA, 2013, p. 16). Contextualmente, ensina Jorge Fujita (2013, p. 16) que "(...) o direito ao sigilo é relativo a fatos específicos, mantidos de forma reservada, nos limites estreitos da pessoa jurídica, em virtude de sua atividade profissional, industrial ou comercial.". Em exemplificação, tem-se que:

> Exemplos: 1) haverá violação de segredo profissional, se o advogado revelar detalhes contados por sua cliente, pessoa jurídica; 2) configurará violação de segredo documental, se o extrato bancário da pessoa jurídica vier a ser objeto de conhecimento de terceiros, sem autorização judicial; 3) violação ao sigilo comercial ou fiscal: obtenção não autorizada do conteúdo de livros comerciais ou fiscais; 4) violação ao sigilo industrial: experiências obtidas pela aplicação de técnica ou pela exploração de empresa, as quais, por sua natureza, não podem ser registradas para proteção específica na seara da propriedade industrial (marcas e patentes); 5) violação de segredo de fábrica ou de negócio: ato de concorrência desleal; 6) violação de sigilo de proposta de concorrência pública. (FUJITA, 2013, p. 16-17)

Portanto, dentro do ambiente do metaverso, pensando na negociação entre duas empresas, tem-se que as exposições das características de cada negócio devem ser mantidas de forma sigilosa. De modo específico, o usuário do ambiente do metaverso, ainda que uma pessoa jurídica, deve ter o direito de utilizar a plataforma digital da outra empresa contratante de forma sigilosa. Assim, a formalização da contratação eletrônica deve ocorrer com a máxima proteção e seguridade, visando a que documentos essenciais e confidenciais não sejam divulgados no ambiente do metaverso (ou fora dele), sob pena de estar violando o sigilo das partes (FUJITA, 2013, p. 16).

A privacidade, sequencialmente, apresenta uma intrínseca relação com o aspecto protetivo supramencionado, em virtude de também estar incrustrada na Constituição Federal, no inciso X, do artigo 5º, que versa sobre a inviolabilidade da vida privada, da honra e imagem das pessoas (BRASIL, 1988, *online*). Em contextualização, é imprescindível compreender que a privacidade é a:

> (...) faculdade que tem cada indivíduo de obstar a intromissão de estranhos em sua vida privada e familiar, assim como de impedir-lhes o acesso a informação sobre a privacidade de cada um, e impedir que sejam divulgadas informações sobre esta área da manifestação existencial do ser humano. (BASTOS; MARTINS, 1989, p. 63)

A empresa, portanto, deve proporcionar total segurança e privacidade para que o consumidor possa utilizar a sua plataforma dentro do metaverso. Em especial, objetivando, por exemplo, que os dados do comprador do produto não sejam divulgados em ambientes internos e externos do metaverso e a privacidade do consumidor não seja aviltada, deve-se proporcionar técnicas protetivas para resguardar esses dados.

Por fim, importante compreender os liames em relação a segurança jurídica das partes contratantes, podendo ser considerada como elemento crucial para a relação hipotética supramencionada (sendo o enfoque protetivo do presente estudo), em razão de que o negócio jurídico deve manter a proteção jurídica das partes (FIGUEIREDO; THEODORO JÚNIOR, 2021, p. 71). Contextualmente, tem-se que:

> (...) o homem necessita de segurança jurídica para conduzir, planificar e conformar autônoma e responsavelmente a sua vida. Por isso, desde cedo se consideravam os princípios da segurança jurídica e proteção à confiança como elementos constitutivos do Estado de direito. Estes dois princípios - segurança

> jurídica e proteção à confiança - andam estreitamente associados, a ponto de alguns autores considerarem o princípio da proteção da confiança como um subprincípio ou como uma dimensão específica da segurança jurídica. Em geral, considera-se que a segurança jurídica está conexionada com elementos objetivos da ordem jurídica - garantia de estabilidade jurídica, segurança de orientação e realização do direito - enquanto a proteção da confiança se prende mais com as componentes subjetivas da segurança, designadamente a calculabilidade e previsibilidade dos indivíduos em relação aos efeitos jurídicos dos actos. (CANOTILHO, 2000, p. 256)

Portanto, a manutenção da segurança jurídica é essencial para que as partes possam transacionar dentro do ambiente do metaverso, buscando que as principiologias contratuais sejam seguidas. Em exemplificação, a empresa deve proporcionar os meios necessários para que o consumidor utilize o ambiente do metaverso com a devida segurança, permitindo que a relação jurídica almejada alcance a sua efetividade nos moldes da inovação tecnológica (MARQUES, 2021, p. 1334-1336).

Fundamentalmente, e conforme analisado no capítulo anterior, as partes envolvidas em uma contratação eletrônica devem possuir capacidade para contratar. Portanto, levando em consideração que para utilização do metaverso, excetuando os detalhes técnicos, a pessoa precisa ter uma conta criada em uma plataforma que permita o acesso ao metaverso (como o exemplo da Roblox, referenciado no primeiro capítulo) e então terá a sua disposição um avatar para representar o usuário dentro do ambiente. Assim, em caráter hipotético, se um absolutamente incapaz possui acesso ao login e senha de seu representante legal (para fins didáticos, referenciado neste estudo como usuário X) dentro da plataforma que interliga ao metaverso, esse agente conseguirá acesso ao ambiente do metaverso.

Consequentemente, poderá se direcionar ao ambiente virtual de uma empresa que realiza a venda de tênis digital dentro do metaverso e realizar a compra do objeto. Em tese, o representante legal da empresa (caracterizado por seu usuário e avatar dentro do metaverso) verificará os dados do avatar que quer realizar a compra e detectara como sendo do usuário X. Contudo, ainda que a declaração de vontade das partes sejam externalizadas e o contrato eletrônico venha a ser realizado, o absolutamente incapaz não tinha capacidade para formalizar tal transação. Portanto, embora o contrato seja existente, este não poderá ser considerado válido, em razão de conter a nulidade quanto a capacidade da parte que realizou a compra do tênis.

Nestes termos, levando em consideração que para a compra do referido tênis foi necessário realizar o pagamento do objeto, por intermédio de um meio transacional previamente cadastrado pelo usuário X (como o cadastro de um cartão de crédito), ter-se-á uma consequência jurídica experimentada no mundo real, visto que será descontado o valor da compra do referido objeto. Por conseguinte, neste liame se encontra a problemática de estudo aqui pretendida, em virtude de que a empresa realizou a venda do tênis em boa-fé, contudo, fora incutida em erro, já que o absolutamente incapaz estava operando o avatar do usuário X e, portanto, não tinha capacidade para realizar a referida compra.

Em outro panorama da necessidade de tutela da segurança jurídica do metaverso, tem-se a exemplificação abaixo:

> Vamos supor a seguinte situação: dois avatares em ambiente virtual, com o objetivo de obter vantagem indevida, agem em conluio visando frustrar o caráter competitivo ou impedir a realização de uma licitação, ou ainda, um desses avatares, que é expressão virtual de um agente público, frauda o equilíbrio econômico-financeiro de um contrato em razão da facilitação na concessão de um pedido de revisão contratual.
>
> Ora, ainda que os delitos de corrupção ativa (crime comum) e passiva (crime funcional) sejam crimes formais, ou seja, que se consumam no momento em que o agente oferece ou promete vantagem indevida, independentemente de aceitação ou do dano, o difícil, nestes casos, será determinar se esses avatares agiram

mesmo como expressão de seus paradigmas na vida real, pois apenas assim haveria nexo causal para eventual punição. (PIRONTI; KEPPEN, 2021, p. 62)

Portanto, o ambiente do metaverso precisa estabelecer panoramas para tutelar a segurança jurídica das partes envolvidas no ambiente do metaverso e, igualmente, do próprio sistema, evitando que crimes ocorram virtualmente e não possam ser punidos no mundo físico real. Em exemplificação, se um avatar furta um objeto de outro avatar dentro do ambiente virtual do metaverso, é impositivo que o próprio sistema possua formas de identificar o usuário que realizou a conduta delituosa, para que a vítima possa buscar os meios cabíveis tanto no metaverso, como no mundo real. Assim, as aplicações do *compliance* se tornam essenciais para as empresas estruturarem essas regras, conforme será analisado no próximo capítulo (PIRONTI; KEPPEN, 2021, p. 62).

Em complementação a necessidade de tutela da segurança jurídica, faz-se essencial a manutenção da segurança contratual, em que a originalidade dos contratos eletrônicos formalizados no ambiente do metaverso precisam ser compreendidos como meios válidos e dotados de validade jurídica, nos termos estudados no capítulo anterior. Em verdade, a noção de originalidade de um documento registrado no ambiente do metaverso deve ser admitida pelo ordenamento jurídico para permitir o desenvolvimento do comércio eletrônico, conferindo segurança jurídica as contratações eletrônicas formalizadas no ambiente do metaverso (VIDIGAL, 2001, p. 2).

Fundamentalmente, os registros internos constantes nos contratos eletrônicos formalizados no metaverso, em que constam as gravações das contratações e os termos negociados eletronicamente entre, por exemplo, o consumidor e o vendedor, devidamente assinados digitalmente, precisam serem passíveis de aceitação, como documentos válidos e originais (VIDIGAL,

2001, p. 2). Portanto, as partes que realizam uma contratação eletrônica formalizada no metaverso precisam ter a segurança jurídica, especialmente no tocante contratual, para que a formalização do negócio jurídico seja aceita como válido e original, ilidindo a eventualidade de no futuro o contrato eletrônico não poder ser reconhecido por ter sido realizado no ambiente do metaverso.

Por fim, tem-se a necessidade de verificação quanto a identidade digital das partes envolvidas na contratação eletrônica formalizada no ambiente do metaverso, em que a questão da prova de autoria desafia o próprio Direito na era digital (PINHEIRO, 2021, p. 37). Em verdade, tem-se a necessidade da consolidação de critérios de verificações efetivas e unificadas, para evitar que cada vez que, quando a questão for analisada no Judiciário, cada juiz tenha um entendimento diferente. Especificamente, tem juiz que entende que a senha é suficiente para provar a identidade, enquanto outros aplicam isso apenas quando há a presença de um certificado digital da ICP-Brasil, e há outros que dizem que só com assinatura no papel é possível validar a identidade (PINHEIRO, 2021, p. 38).

Destarte, compreende-se que o estabelecimento de medidas que assegurem a verificação da identidade das partes é essencial para a operacionalização adequada dos contratos eletrônicos no metaverso. Em verdade, a segurança jurídica das partes está intimamente relacionada e inserida nas contratações eletrônicas formalizadas no metaverso. Em gravame, verifica-se que sérias complicações práticas podem ser operacionalizadas no ambiente do metaverso. Portanto, necessita-se compreender os vícios que podem permear os negócios jurídicos, para então analisar os mecanismos práticos que podem ser aplicados para alcançar a tutela da segurança jurídica das partes envolvidas nas contratações eletrônicas formalizadas no metaverso.

## 3.2 OS VÍCIOS NOS NEGÓCIOS JURÍDICOS

Os negócios jurídicos, especialmente as contratações eletrônicas, devem ser pautados nos liames principiológicos que resguardem os preceitos necessários para que alcancem a devida validade. Contudo, vícios podem macular a formalização de uma contratação eletrônica, principalmente quando ocorrida no ambiente do metaverso, conforme supramencionado.

Em primeira instância, importante diferenciar a possibilidade de anulabilidade e nulidade de um negócio jurídico, abordando algumas hipóteses de quando poderá ocorrer a anulação do negócio. Importante compreender que a anulabilidade só ocorre impulsionada pela vontade da parte a quem prejudicou, por isso exige ação do interessado para ser decretada (FIGUEIREDO; THEODORO JÚNIOR, 2021, p. 254). Fundamentalmente, a anulabilidade, assim como a nulidade, atua no plano da validade do negócio jurídico, tornando-o desde a origem inidôneo a valer para o fim a que a declaração de vontade o destinar.

Contextualmente, verifica-se que a anulabilidade corresponde a ofensa de um interesse privado, em que seu decreto se dá no interesse do prejudicado ou de um grupo determinado de pessoas, ficando sua eficácia restrita aos que a alegaram (FIGUEIREDO; THEODORO JÚNIOR, 2021, p. 254). Em verdade, tem-se que a anulabilidade corresponde ao direito potestativo do prejudicado, que se extingue em curto prazo de natureza decadencial, nos termos dos artigos 178 e 179 do Código Civil (BRASIL, 2002, *online*).

Em complementação, tem-se que a anulabilidade pode ser sanável, conforme ocorra a confirmação por aquele que deteria o direito potestativo de invalidar o negócio defeituoso, nos termos do artigo 172 do Código Civil (BRASIL, 2002, *online*).

Portanto, a anulabilidade não permite decretação de ofício do Juízo, nem por provocação do Ministério Público, em virtude de que somente os interessados podem alegar a anulabilidade, segundo inteligência do artigo 177 do Código Civil (BRASIL, 2002, *online*). Ainda, conforme disposição do mesmo artigo, tem-se que o negócio jurídico anulável tem assegurada a produção de todos os seus efeitos jurídicos, enquanto o interessado não lhe promover a invalidação.

Por fim, compreende-se que a anulabilidade sempre decorre de expressa previsão legal, nos termos do artigo 171 do Código Civil (BRASIL, 2002, *online*), e a anulabilidade é sempre objeto de ação constitutiva. Legalmente, verifica-se que pode ocorrer a anulabilidade do negócio jurídico nos casos expressamente declarados na lei; nos negócios praticados por agente relativamente incapaz; e nos negócios afetados por vício resultante de erro, dolo, coação, estado de perigo, lesão ou fraude contra credores, nos termos do artigo 171 do Código Civil (BRASIL, 2002, *online*).

Portanto, permite-se a compreensão que a anulabilidade necessita de uma previsão expressa, em termos legislativos, em virtude de serem circunstâncias menos gravosas as relacionadas com os casos de nulidades, que serão posteriormente analisados. Ainda, compreende-se que a anulabilidade precisa ser avocada pela parte interessada, do contrário, o negócio jurídico permanecerá produzindo os seus efeitos. A compreensão destas características é essencial para a análise dos casos de nulidade, que possuem aspectos diferenciadores quanto a natureza e consequências jurídicas das ocorrências inadequadas que determinadas condutas podem acarretar a realização de um negócio jurídico.

Previamente, e em exemplificação, dentro do objeto do presente estudo, tem-se a hipotética situação de um relativamente incapaz, sendo aquele maior de dezesseis e menor de dezoito anos, descobrir o login e senha do seu pai (usuário X) e tiver o acesso a plataforma, sem o consentimento e conhecimento do detentor do usuário, e então firmar matrimônio com uma outra usuária que o usuário X já vinha se relacionando, mas estava aguardando para pedir a oficialização do matrimônio virtual. Assim, sem que a outra parte soubesse que se tratava de alguém diverso do usuário X, aceita o matrimônio.

Portanto, independentemente da causa de anulabilidade pela incapacidade relativa da parte, ter-se-á o caso de um erro no negócio jurídico formalizado por uma contratação eletrônica dentro do ambiente do metaverso. Em verdade, verifica-se que se a outra parte soubesse que estava realizando um matrimônio com alguém diverso do real usuário X, ela não o faria, assim, somente realizou a conduta por estar induzida em erro e achar que estava se casando de fato com o usuário X.

Conceitualmente, tem-se que o erro no negócio jurídico pode estar caracterizado pela:

> (...) falta de liberdade na prática do negócio, e, na segunda, por não se ter conhecimento da verdade em torno dos elementos envolvidos na declaração de vontade. De qualquer maneira, a vontade se acha viciada, seja porque, conhecendo a verdade, a parte se viu compelida a declarar o que realmente não correspondia ao seu querer íntimo, seja porque, não conhecendo a realidade, a declaração só se exteriorizou à base da falsa noção da causa ou do objeto da manifestação de vontade e, assim, fosse conhecida a verdade, o negócio não teria sido praticado, ou tê-lo-ia sido em termos diferentes. (FIGUEIREDO; THEODORO JÚNIOR, 2021, p. 345)

De modo específico, tem-se a ocorrência de um erro quanto a identidade da parte, em que se apresenta como substancial quando o negócio é celebrado *intuitu personae*, como no exemplo acima, em que a outra usuária somente aceitou o matrimônio por pensar que se tratava de fato do usuário X (FIGUEIREDO; THEODORO JÚNIOR, 2021, p. 379). Portanto, verifica-se que a identidade do usuário X se tornou a condição de causa principal do negócio, em que não haveria casamento se a outra usuária soubesse que quem estava utilizando o usuário X na verdade filho deste.

Por conseguinte, ao estar sob erro quanto à identidade da outra parte, a declaração de vontade se encontra viciada, em virtude de não saber que estava negociando com o filho do usuário X. Em verdade, compreende-se a ocorrência de um falso conhecimento da realidade, em circunstância que não condiz com a verdade, caracterizando um vício de consentimento, em virtude de que a parte não realizaria o negócio jurídico se soubesse da real identidade da outra parte contratante (FIGUEIREDO; THEODORO JÚNIOR, 2021, p. 379). Portanto, tem-se a verificação de que a noção dos fatos é incompatível com a realidade, porque aparentemente quem estava realizando a contratação era o usuário X.

No contexto legal, segundo a inteligência do artigo 138 do Código Civil, tem-se que são anuláveis os negócios jurídicos realizados quando as declarações de vontade emanarem de erro substancial que poderia ser percebido por pessoa de diligência normal, em face das circunstâncias do negócio (BRASIL, 2002, *online*). Ainda, dentro do objeto do presente estudo, tem-se que o erro é substancial, nos termos do artigo 139 do Código Civil, inciso II, quando concerne à identidade ou à qualidade essencial da pessoa a quem se refira a declaração de vontade, desde que tenha influído nesta de modo relevante (BRASIL, 2002, *online*).

Portanto, no referido caso hipotético, tem-se que o negociante de boa-fé não sabia da real identidade da outra parte, em virtude de pensar estar negociando com o usuário X, portanto, foi incutido em erro substancial que, se soubesse da identidade da outra parte, não realizaria a negociação. Assim, o negócio jurídico poderá ser anulado, em que de fato o representante legal do incapaz e titular do usuário X deverá realizar o negócio jurídico e o convalidar.

Todavia, pensando no ambiente do metaverso, uma problemática surge do texto legal, em que o artigo 138 do

Código Civil requer que o erro substancial poderia ser percebido por pessoa de diligência normal. Contudo, considerando as circunstâncias das contratações eletrônicas no metaverso e pelo fato de que para o usuário X estar presente neste ambiente precisa estar autenticado com o seu login e senha, dificilmente uma pessoa com diligência normal poderia constatar que quem estava utilizando o usuário X era o seu filho, um relativamente incapaz. Portanto, as diretrizes que serão analisadas nos próximos tópicos deste estudo serão essenciais para resolver a referida problemática.

Em outro panorama, importante verificar o artigo 142 do Código Civil, que apresenta a irrelevância do erro quando, não obstante equivocada na declaração de vontade a indicação da pessoa, mostre-se possível identificá-la, pelo contexto e pelas circunstâncias do negócio (BRASIL, 2022, *online*). Neste caso, tem-se a ocorrência de erro material, que não chega a viciar o consentimento do declarante, e, em verdade, o caso não é de invalidação, contudo, sim de interpretação do negócio jurídico (FIGUEIREDO; THEODORO JÚNIOR, 2021, p. 393).

Especificamente, se por meio da interpretação se chega, com segurança, ao querer verdadeiro do declarante, o erro se torna incidental e o efeito do negócio jurídico se produzirá em torno da pessoa que, na realidade, visou o declarante (FIGUEIREDO; THEODORO JÚNIOR, 2021, p. 393). Portanto, apresenta-se como um erro circunstancial ou acidental, não viciando a declaração de vontade, em que o efeito não será a anulabilidade do negócio, mas sua interpretação e execução como se não houvesse ocorrido o erro (FIGUEIREDO; THEODORO JÚNIOR, 2021, p. 393).

Em exemplificação, no mesmo caso do matrimônio supramencionado, importante pensar na ocorrência de que o real usuário X e a outra usuária estavam há diversos meses conversando, em que a vontade de firmar o matrimônio era mútua e apenas um aguardava que o outro fizesse o pedido. Portanto, no caso do relativamente incapaz acessar com o login e senha do seu pai (o usuário X), passar a conversar com a outra usuária com termos e expressões diversos dos que eram utilizados pelas partes, verifica-se que a outra usuária teria condições de perceber a diferença no tratamento. Assim, quando aceita o pedido de casamento feito pelo relativamente incapaz, podendo perceber pelas circunstâncias que poderia não se tratar do real usuário X, tem-se a ocorrência do erro sanável de pessoa.

Em outro panorama, independentemente da anulabilidade pela incapacidade relativa, e pensando no âmbito da violação da boa-fé objetiva nos negócios jurídicos, se um relativamente incapaz tiver o acesso a plataforma do metaverso com o consentimento e conhecimento dos representantes legais, e então realizar um negócio jurídico, sem que a outra parte negociante saiba que se tratava de um menor relativamente incapaz, ter-se-á o caso de um negócio jurídico eivado por dolo. Em verdade, compreende-se a violação da boa-fé objetiva dos representantes legais do menor, em virtude de que estes possuíam conhecimento que o menor estava realizado um negócio jurídico nulo de pleno direito e não inibiram a conduta.

Contextualmente, faz-se importante compreender que consiste o dolo no emprego de palavras ou expedientes maliciosos, por parte de um dos sujeitos contra o outro, ou de terceiro contra um deles, para induzi-lo à prática do negócio jurídico (FIGUEIREDO; THEODORO JÚNIOR, 2021, p. 402). Conceitualmente, tem-se que:

> De forma mais descritiva: o dolo civil (não penal) é a conduta de quem intencionalmente provoca, reforça ou deixa subsistir uma ideia errônea em outra pessoa, com a consciência de que esse erro terá valor determinante na emissão de sua declaração de vontade. (FIGUEIREDO; THEODORO JÚNIOR, 2021, p. 402)

Portanto, verifica-se que a ocorrência do dolo está estruturada em uma conduta intencional do indivíduo que busca incutir uma ideia errônea no outro contratante, possuindo a consciência de que a ocorrência deste erro terá valor determinante na emissão da declaração de vontade da outra parte. Desta forma, compreende-se que para o dolo afetar a validade do negócio é necessário que seja grave e assuma uma condição de motivo determinante na declaração de vontade, devendo ser a causa da realização da contratação, para então se apresentar como fator de anulabilidade do negócio jurídico (FIGUEIREDO; THEODORO JÚNIOR, 2021, p. 403). No mesmo sentido, dispõe o artigo 145 do Código Civil que quando o dolo for a causa de realização dos negócios jurídicos, serão estes anuláveis (BRASIL, 2022, *online*).

O dolo pode ser compreendido como erro que não ocorre casualmente, mas pela provocação e pelo comportamento enganoso do outro negociante, que busca a obtenção de uma declaração viciada, que somente poderá ser atingida devido a conduta realizada por má-fé (FIGUEIREDO; THEODORO JÚNIOR, 2021, p. 403). Neste sentido, tem-se as seguintes requisições para ocorrência do dolo:

> Para ter-se o dolo, dessa maneira, tornam-se necessários os seguintes elementos: a) o comportamento enganoso (elemento objetivo); b) o ânimo de enganar para obter a declaração de vontade (elemento subjetivo); c) a participação de um dos sujeitos do negócio na maquinação contra a vítima (se a astúcia for de terceiro, a parte a quem ela aproveita, deverá ter conhecimento do ocorrido); d) a produção do erro na pessoa que sofreu a maquinação; e, por último, e) a determinação da declaração de vontade como efeito do erro induzido. (FIGUEIREDO; THEODORO JÚNIOR, 2021, p. 403)

Portanto, entende-se que o dolo, sendo o expediente astucioso para enganar, não é, em si, o vício do consentimento, mas, em verdade, o caminho ou o instrumento para produzir o vício de consentimento, que se manifesta no erro a que o declarante é induzido (FIGUEIREDO; THEODORO JÚNIOR, 2021, p. 403). Assim, após a declaração da vontade sob o impacto da falsa noção de realidade, a vontade acaba sendo viciada e o negócio jurídico que dela resulta se estrutura de forma igualmente viciada. Em verdade, verifica-se a violação da boa-fé objetiva, que deve ser mantida pelas partes contratantes, em virtude de que uma das partes emprega práticas ardilosas para conseguir atingir uma declaração de vontade viciada por parte do outro negociante.

Destarte, tem-se que o dolo é um ato ilícito e sua consequência direta é a responsabilidade pela reparação dos prejuízos acarretados à vítima, em razão da sua conexão com o erro substancial que venha a produzir no declarante que se atinge, cumulativamente, o vício de consentimento e a anulabilidade do negócio jurídico (FIGUEIREDO; THEODORO JÚNIOR, 2021, p. 404). Fundamentalmente, compreende-se que:

> O comportamento enganoso, necessário para ter-se configurado o dolo, corresponde a qualquer manobra fraudulenta, desonesta, que se apresente como velhacaria intencionalmente empregada para induzir a erro o sujeito do negócio jurídico. Essa maquinação tanto pode acontecer de forma ativa, por meio de mentiras e encenações astuciosas, como de forma negativa, servindo-se do silêncio ou da reticência, deliberadamente guardados, diante de dados relevantes que não poderiam deixar de ser informados ou esclarecidos ao outro contratante, nas circunstâncias do negócio. (FIGUEIREDO; THEODORO JÚNIOR, 2021, p. 404)

Assim, o mecanismo que utiliza o agente doloso busca atingir o psiquismo do declarante, por intermédio de um processo malicioso de influir no convencimento do contratante, conduzindo-o a manter o estado de erro. O ânimo de ludibriar o declarante, por consequência, apresenta-se no objetivo de criar na outra parte uma errônea noção da realidade dentro da qual o negócio será levado a efeito (FIGUEIREDO; THEODORO JÚNIOR, 2021, p. 404). Verifica-se a ocorrência de dois elementos no comportamento do agente doloso, sendo o objetivo caracterizado pelas maquinações ativas ou negativas, e o elemento subjetivo, sendo o ânimo de levar o sujeito passivo das maquinações a praticar o negócio, que não seria realizado, caso não estivesse em erro (FIGUEIREDO; THEODORO JÚNIOR, 2021, p. 405).

Em um tom prático, no caso da exemplificação supramencionada, o negócio jurídico é praticado com dolo, em virtude de que os representantes legais do menor tinham consciência e intenção de violar a lei e de prejudicar o outro negociante de boa-fé. Portanto, entende-se que a base do negócio jurídico fora praticada em caráter mentiroso e com natureza danosa ao outro negociante, que não teria realizado o negócio jurídico se soubesse da condição de incapacidade da outra parte.

Quanto aos efeitos do dolo, tem-se que uma vez comprovada a ocorrência do dolo, dois serão os seus efeitos na ordem civil, sendo a anulabilidade do negócio por decorrência do vício de consentimento; e o direito a perdas e danos, em razão do ato ilícito (FIGUEIREDO; THEODORO JÚNIOR, 2021, p. 407). Importante compreender que esses efeitos são independentes, em que a parte contratante prejudicada poderá pleitear isoladamente qualquer um deles ou ambos cumulativamente.

Compreendida as referidas possibilidades de anulabilidades dos negócios jurídicos, faz-se importante contextualizar que o erro e o dolo não se confundem, em que o dolo implica a ocorrência de manifestação de vontade eivada de erro. Contudo, o dolo não é somente um vício de consentimento, mas também um ato ilícito gerador de responsabilidade civil, em virtude de todo o prejuízo que acarretar para quem se induz a erro, possuindo uma sanção maior que aquela a que se submete o simples erro (FIGUEIREDO; THEODORO JÚNIOR, 2021, p. 409).

No mesmo sentido, outra consequência que se extrai desta diferenciação é em relação objeto sobre o qual pode incidir a errônea visão da realidade, em que no erro é preciso que a parte se engane a respeito de elemento essencial do negócio e não sobre dados secundários dele; enquanto no dolo, por sua ilicitude intrínseca, tem-se a captação maliciosa da vontade alheia, que contamina o negócio, provocando sua invalidade, ainda quando se relacione com elementos não essenciais. (FIGUEIREDO; THEODORO JÚNIOR, 2021, p. 409).

Sequencialmente, adentrando as hipótese das nulidades dos negócios jurídicos, compreende-se que no Código Civil brasileiro, nos artigos 166 e 167, fica declarado que o negócio jurídico será nulo quando celebrado por pessoa absolutamente incapaz; for ilícito, impossível ou indeterminável o seu objeto; o motivo determinante, comum a ambas as partes, for ilícito; não revestir a forma prescrita em lei; for preterida alguma solenidade que a lei considere essencial para a sua validade; tiver por objetivo fraudar lei imperativa; a lei taxativamente o declarar nulo, ou proibir-lhe a prática, sem cominar sanção; ou que seja viciado por simulação (BRASIL, 2002, *online*).

Em relação ao objeto do presente estudo, ter-se-á o enfoque quanto a incapacidade das partes, especificamente, as influências dos vícios nos negócios jurídicos. Assim, importante compreender que a noção de capacidade pode ser compreendida como à aptidão intrínseca da pessoa para constituir, modificar ou extinguir relações jurídicas, enquanto a legitimação é a aptidão para atuar em negócios jurídicos que tenham determinado objeto, em virtude de uma relação em que se encontra, ou se coloca o interessado, em face do objeto do ato (BDINE JÚNIOR, 2010, p. 16).

Fundamentalmente, a validade de um negócio jurídico decorre de ter sido a declaração de vontade manifestada com observância dos preceitos legislativos, enquanto a invalidade é consequência da manifestação de vontade em contrariedade às exigências legais, ou de sua insuficiência em atender aos requisitos traçados pela lei para a útil emissão de vontade (FIGUEIREDO; THEODORO JÚNIOR, 2021, p. 168). Portanto, a nulidade do negócio jurídico atinge o grau justificador da sanção máxima da invalidade, em virtude de ter sido realizado em confronto com os princípios legais.

A restrição negocial para os absolutamente incapazes

visa proteger aqueles que não têm condições de discernimento para a condução de seus interesses, caso não esteja devidamente representado (MELLO, 2019, p. 128). Portanto, em razão de depender do desenvolvimento mental completo e do discernimento, não haverá a capacidade de exercício, de poder praticar pessoalmente os atos da vida civil, em que o absolutamente incapaz deve estar representado por ser representante legal, e é a falta desta representação que acarreta a nulidade (FIGUEIREDO; THEODORO JÚNIOR, 2021, p. 169).

Todavia, e em exemplificação, pensando em um menor de dezesseis anos (absolutamente incapaz), entende-se que no cotidiano o menor, pessoalmente, realizará inúmeros negócios jurídicos, a exemplo da compra de um brinquedo em uma loja do bairro, em que, tais contratos são nulos, já que a lei não abre qualquer exceção à regra (MELLO, 2019, p. 128). Entretanto, em regra são negócios jurídicos diminutos, que não envolvem grandes valores transacionados e, portanto, dificilmente os pais do menor absolutamente incapaz irão avocar a nulidade do negócio jurídico realizado, em que não levam em consideração a consequência da conduta.

Especificamente, compreende-se que é possível que o absolutamente incapaz realize contratos em determinadas circunstâncias que visam a satisfação de necessidades imediatas ou proporcione vantagens evidentes, portanto, sempre que o incapaz não sofra prejuízo e tenha vantagens a preservar, não sendo razoável aplicar a seus contratos a pena irremediável da invalidade plena (FIGUEIREDO; THEODORO JÚNIOR, 2021, p. 170). Em verdade, visando a resguardar os interesses do próprio incapaz, tem-se a possibilidade de tratar a contratação como um "ato-fato jurídico", sendo conceituado como o fato humano que produz efeito, independentemente da vontade do agente, em que a conduta do absolutamente incapaz pode ser compreendida com um fato humano que produz efeitos para ambos os contratantes, em que um deseja, por exemplo, comprar um doce, e a outra parte deseja realizar a venda (FIGUEIREDO; THEODORO

JÚNIOR, 2021, p. 170). Evidentemente o contrato poderia ser objeto de nulidade por parte dos representantes legais do menor, contudo, pensando na consequência benéfica ao incapaz, tem-se que o "ato-fato jurídico" poderia ser mantido.

Contudo, conforme supramencionado, o ambiente do metaverso possui uma estrutura mais complexa e que possibilita a intersecção com diversos mecanismos de consumo, em que os valores transacionados podem ser de grande monta e os objetos ou serviços adquiridos podem ser prejudiciais ao menor. Portanto, o negócio jurídico realizado no ambiente do metavero por um absolutamente incapaz não será igualmente tolerado. Neste sentido, faz-se necessário compreender que o fim do negócio jurídico possui um importante significado dentro do mundo jurídico, sendo aquilo que de positivo ou negativo ocorre na esfera jurídica dos figurantes do ato jurídico como decorrência da causa, considerado como atribuição jurídica do negócio, estando relacionada ao fim prático que se obtém em decorrência dele (MELLO, 2019, p. 166).

Sequencialmente, importante compreender que a invalidade do negócio jurídico é a sanção imposta pelo ordenamento ao negócio jurídico celebrado com descumprimento de um dos requisitos de validade, sendo em contrariedade ao Direito, e neste âmbito estão presentes as nulidades do negócio, em que visam evitar danos ao interesse geral, social ou de ordem pública (BDINE JÚNIOR, 2010, p. 11). Conceitualmente, tem-se que:

> A nulidade é a sanção prevista para as invalidades consideradas mais graves pelo ordenamento. Tão graves são as irregularidades constatadas que a sanção é a de nulidade, a qual, como já se viu, implica a invalidação do negócio de ofício, sem previsão de prazo decadencial e sujeita a ser reconhecida em qualquer demanda de modo incidental. (BDINE JÚNIOR, 2010, p. 16)

Portanto, a nulidade do negócio jurídico visa proteger a ordem pública e a própria segurança jurídica das partes, não podendo ser convalidado por interesse das partes. Em termos práticos, importante discorrer que a nulidade pode ser invocada por qualquer interessado, não havendo a possibilidade de o interessado concordar com a validade do negócio nulo e confirmá-lo, e o negócio jurídico nulo pode ser declarado de ofício (BDINE JÚNIOR, 2010, p. 12). Portanto, o reconhecimento da invalidade do negócio jurídico implica um juízo de valores do ordenamento, que busca respeitar a autonomia privada das partes ou os valores do sistema jurídico violados por sua celebração (BDINE JÚNIOR, 2010, p. 13).

Em complementação, compreendida as diferenciações entre a anulação e anulabilidade dos negócios jurídicos, faz-se necessário pensar na mesma exemplificação supramencionada, com um relativamente incapaz, sendo maior de dezesseis e menor de dezoito anos, em que com o consentimento e conhecimento dos pais acessa o ambiente do metaverso com o login e senha do usuário X, e realiza um negócio jurídico, sem que a outra parte negociante soubesse da incapacidade relativa do menor. Neste caso, importante abordar o preceito do artigo 105 do Código Civil, que impede que a parte capaz invoque a incapacidade relativa da outra em seu proveito (BRASIL, 2002, *online*).

Neste caso, o maior de dezesseis e menor de dezoito anos é um relativamente incapaz, que realizou o negócio jurídico com o conhecimento e consentimento dos pais, portanto, o usuário X não poderá invocar a incapacidade relativa do menor. Assim, entende-se que identificada a boa-fé do outro contratante, que não podia conhecer a incapacidade daquele com que contratou, tem-se a necessidade de convalidação do negócio jurídico (BDINE JÚNIOR, 2010, p. 13).

Neste sentido, importante compreender o princípio da conservação do negócio, em que:

> Sobre o fundamento do princípio da conservação não se pode deixar de dar razão a Eduardo Correia, quando afirma que a ordem jurídica não é inimiga dos interesses

dos indivíduos e do desenvolvimento da vida social: 'A ordem jurídica não é tabu que fulmine totalmente tudo que lhe não é conforme, mas, muito ao contrário, meio de garantir a consecução dos interesses do homem e da vida social; não é inimiga da modelação dos fins dos indivíduos – mas ordenadora e coordenadora da sua realização. Por isso, só nega proteção, ou, vistas as coisas por outro lado, só sanciona quando e até onde os valores ou interesses que presidem a tal coordenação ou ordenação o exigem. E a ideia domina toda a teoria dos negócios jurídicos' (MATTIETTO, 2002, p. 336)

Por consequência, compreende-se que na referida exemplificação o negócio não foi contrário ao interesse dos indivíduos, visto que os pais do menor consentiram com a realização da conduta negocial e a outra parte contratante estava de boa-fé. Assim, a conservação da contratação eletrônica formalizada no ambiente do metaverso se torna importante para conservar o interesse das partes contratantes e evitar que o negociante de boa-fé seja penalizado pela conduta consciente dos pais do menor relativamente incapaz (BDINE JÚNIOR, 2010, p. 33).

Todavia, faz-se necessário realizar a mesma abordagem no hipotético caso de que os representantes legais tinham conhecimento que o menor, absolutamente incapaz, estava acessando o sistema do metaverso, com o login e senha do usuário X, e mesmo assim permitiram que a conduta fosse realizada, e, em gravame, que o absolutamente incapaz chegasse a realizar um negócio jurídico. Portanto, a capacidade do usuário X era apenas uma aparência, em que a outra parte negociante fora incutida em erro doloso. Nestes termos, importante compreender que embora o ato seja nulo, tem-se a possibilidade da aplicação da eficácia excepcional, em que o ato nulo irá produzir, plenamente, a sua eficácia própria (MELLO, 2019, p. 284).

Contextualmente, em relação a aplicação da eficácia excepcional, importante compreender que efeitos jurídicos mínimos podem decorrer do ato nulo, mesmo em caso de ineficácia quanto aos seus efeitos finais próprios, e é neste panorama que se encontra a aplicação da eficácia excepcional (MELLO, 2019, p. 286). Em exemplificação, importante rememorar o caso do menor que realizou um negócio jurídico com o conhecimento e consentimento dos representantes legais, e a outra parte negociante acreditava que de fato se tratava do usuário X. Assim, na eventualidade do menor ter comprado um bem especial que era o único produto no estoque da outra parte negociante no ambiente do metaverso, e esta precisou pedir novamente o bem com seu fornecedor, entende-se que neste caso, embora o negócio jurídico seja nulo, efeitos obrigacionais surgiram da conduta e os representantes legais do menor serão obrigados a efetuar o pagamento do bem comprado da outra parte negociante, que estava de boa-fé.

Todavia, importante salientar que a atribuição pelo ordenamento jurídico de eficácia jurídica ao ato nulo constitui uma exceção à regra geral da ineficácia. Assim, a excepcionalidade contida na imputação de eficácia ao ato jurídico nulo impõe que as espécies sejam interpretadas restritivamente (MELLO, 2019, p. 287). Por consequência, os mecanismos práticos que serão estudados nos próximos tópicos são essenciais para alcançar a tutela da referida excepcionalidade.

Por fim, nos termos das exemplificações supramencionadas, cumpre destacar que se o relativamente incapaz fora induzido por seus pais a acessar o ambiente do metaverso e realizar uma conduta danosa, não há o que se falar quanto a configuração do dolo do incapaz, visto que o menor não tinha o ânimo de realizar a conduta inadequada e apenas estava seguindo as ordens de seus representantes legais. Todavia, se a conduta for pelo relativamente incapaz, sem o conhecimento e consentimento dos pais, e o menor passa a ter o ânimo de induzir dolosamente a declaração de vontade da outra parte contratante, tem-se a prática de erro por parte do relativamente incapaz.

De modo específico, compreende-se que para induzir alguém em erro não se exige capacidade jurídica, mas apenas astúcia e má-fé, em que um relativamente incapaz pode, conscientemente, ocultar a sua incapacidade para simplesmente fazer a vítima crer numa versão fantasiosa da realidade (FIGUEIREDO; THEODORO JÚNIOR, 2021, p. 413). Portanto, o menor tendo discernimento da conduta que está realizando, entende-se que o seu dolo é possível, em virtude de se estar fazendo passar pelo usuário X, agente maior e capaz, induzindo a erro a outra parte a respeito de sua capacidade, por meio de manobras e artifícios, já que o outro contratante, em tese, não possui ferramentas para autenticar quem está por trás do usuário X.

Neste sentido, e legalmente analisando, importante destacar o artigo 928 do Código Civil, dispondo que o incapaz responde pelos prejuízos que causar, se as pessoas por ele responsáveis não tiverem obrigação de fazê-lo ou não dispuserem de meios suficientes (BRASIL, 2022, *online*). Em gravame, nos termos do artigo do artigo 180 do Código Civil, tem-se que o menor, entre dezesseis e dezoito anos, não pode invocar a sua idade, para eximir-se de uma obrigação, se dolosamente a ocultou quando inquirido pela outra parte, ou se no ato de obrigar-se, declarou-se maior (BRASIL, 2002, *online*).

Todavia, cumpre destacar que não basta a simples declaração do impúbere a respeito de sua inexistente maioridade, sendo necessário que o outro contratante não tenha motivo para desconfiar da falsa afirmação de idade e, portanto, seja de fato ludibriado, em circunstâncias que uma pessoa normal também seria enganada, em que o outro contratante terá condições de intentar ação, seja para anular o contrato, seja para exigir reparação de perdas e danos (FIGUEIREDO; THEODORO JÚNIOR, 2021, p. 413). Assim, compreende-se que no ambiente do metaverso a dificuldade de saber a autenticidade de quem está de fato por trás do usuário X é latente, portanto, faz-se por imprescindível a estruturação de mecanismos práticos que possam ser aplicados para alcançar a tutela da segurança jurídica das partes envolvidas nas contratações eletrônicas formalizadas no metaverso, como será analisado a seguir.

## 3.3 A IMPORTÂNCIA DA APLICAÇÃO DO COMPLIANCE CONTRATUAL

O ambiente do metaverso ainda se constitui como algo novo na realidade da sociedade da informação, sendo necessário mecanismos que permitam a segurança jurídica das partes que estejam inseridas nas contratações eletrônicas formalizadas no metaverso. Neste sentido, tem-se a possibilidade da aplicação do *compliance* contratual para alcançar a tutela da segurança jurídica das partes envolvidas nestas contratações eletrônicas.

Previamente, importante revisar a teoria do *compliance*, em que historicamente pode ser abordado quando os Estados Unidos, em razão dos reiterados escândalos de corrupção no setor bancário, começaram a implementar exigências legais e formais apoiando o processo de criação de procedimentos internos nas empresas privadas, para que estivessem aptas a pautar a atuação de acordo com a legislação e regulamentos vigentes (FREITAS, 2020, p. 45). Portanto, o *compliance* foi aplicado inicialmente com o objetivo de estruturar normativas para que as empresas pudessem conduzir suas operações em consonância com os aspectos legais e das regulamentações que incidiam na época.

Especificamente, tem-se que os responsáveis pelas fraudes ou os principais causadores dos danos às empresas são os próprios empregados, de quem gestores não suspeitam (ANTONIK, 2016, p. 37). Em verdade, em regra o fraudador não trabalha com o objetivo de cometer alguma fraude, contudo, em razão de algum tipo de circunstância, o trabalhador é inserido em uma situação propícia que o leva a delinquir ou então pela premente necessidade financeira (ANTONIK, 2016, p. 37).

Portanto, a estruturação do *compliance* é realizada justamente na base da preocupação corporativa de poder formalizar diretrizes para que seus membros possuam escopos práticos no desenvolvimento de suas atividades. Em verdade, busca-se a estruturação de delimitações para que a prática empresarial seja regida com integridade e pautada em princípios que de fato estruturem diretrizes de integridade.

Neste sentido, importante compreender a principiologia do *compliance*, na base da procura por uma responsabilidade ética, a responsabilidade legal, a responsabilidade social e a responsabilidade econômica (ANTONIK, 2016, p. 33). A estruturação dessas diretrizes permitirá que o seguimento da verdade, visando a que as atitudes estejam em conformidade com as questões legais, ainda, buscando ser uma empresa com contribuição social e, por fim, objetivando a lucratividade (ANTONIK, 2016, p. 33).

Fundamentalmente, a responsabilidade ética pode ser pautada na conduta íntegra, honesta, transparente, que esteja em conformidade com os princípios éticos e morais (ROCHA JÚNIOR; GIZZI, 2018, p. 128). A responsabilidade legal pode ser delineada no respeito aos ditames legislativos para que, por exemplo, uma conduta prática não seja realizada de forma que ocasione uma latente violação legislativa (ROCHA JÚNIOR; GIZZI, 2018, p. 128). A responsabilidade social pode ser estruturada na conduta cooperativa com os demais membros corporativos e, em especial, em práticas que possam alcançar um bem comum (ROCHA JÚNIOR; GIZZI, 2018, p. 128). Por fim, a responsabilidade econômica está delineada na prática cotidiana dos membros de uma empresa para que, ao longo do desenvolvimento das atividades, o objetivo do trabalhador possa ser a busca constante pelo lucro da própria empresa, como medida de manutenção do próprio labor (ANTONIK, 2016, p. 33).

Estruturalmente, a principiologia do *compliance* pode ser compreendida em bases norteadoras, sendo a primeira em que o conselho de administração é responsável por acompanhar o gerenciamento do risco de *compliance* de, por exemplo, uma instituição financeira, devendo aprovar a política deste, inclusive no que concerne ao documento que estabelece uma área de *compliance* permanente e efetiva, em que, no mínimo, uma vez ao ano o conselho de administração deve avaliar a efetividade do gerenciamento do risco de *compliance* (BLOK, 2020, p. 26). E a segunda base se relaciona com a alta administração de, por exemplo, uma instituição financeira, que deve ser responsável pelo gerenciamento do risco do *compliance* (BLOK, 2020, p. 26).

Sequencialmente, tem-se a base de que a alta administração deve ser responsável por estabelecer e divulgar a política de *compliance* da organização, visando a assegurar que seja observada a referida política, além de que deve manter o conselho de administração informado sobre o gerenciamento do risco de *compliance* (BLOK, 2020, p. 27). Ainda, tem-se que a área de *compliance* deve ser independente, possuindo os recursos necessários ao desempenho de suas responsabilidades de forma eficaz (BLOK, 2020, p. 27).

Por fim, tem-se a base de que a área do *compliance* deve ajudar a alta administração no gerenciamento efetivo do risco de *compliance* (BLOK, 2020, p. 27). De modo específico, deve-se realizar atualizações e recomendações; manuais de *compliance* para determinadas leis e regulamentos; identificação e avaliação do risco de *compliance*; responsabilidades estatutárias em relação a condutas inadequadas e ilegais no âmbito organizacional; e a implementação do programa de *compliance* (BLOK, 2020, p. 27).

Em sentido amplo, o *compliance* pode ser compreendido como a prevenção de riscos de responsabilidade por descumprimento de regulações legais (BACIGALUPO, 2011, p. 22). Em especial, tem-se por significativo frisar que: "Gerir o risco da atividade, antecipar possíveis condutas delituosas e criar cenários de riscos futuros como forma de controle e prevenção se constituem nos desafios que englobam o tema *compliance*." (CASTRO, 2016, p. 76).

Ana Frazão (2017, p. 18) ensina que:

> *Compliance* diz respeito ao conjunto de ações a serem adotadas no ambiente corporativo para que se reforce a anuência da empresa à legislação vigente, de modo a prevenir a ocorrência de infrações ou, já tendo ocorrido o ilícito, propiciar o imediato retorno ao contexto de normalidade e legalidade.

No mesmo sentido, tem-se que:

> *Compliance* é um termo oriundo do verbo inglês *"comply"*, significando cumprir, satisfazer ou realizar uma ação imposta. Não há uma tradução correspondente para o português. Embora algumas palavras tendam a aproximar-se de uma possível tradução, como por exemplo observância, submissão, complacência ou conformidade, tais termos podem soar díspares. *Compliance* refere-se ao cumprimento rigoroso das regras e das leis, quer sejam dentro ou fora das empresas. (GIOVANINI, 2014, p. 20)

Neste sentido, o programa de *compliance* pode ser considerado uma ferramenta essencial de autorregulação das empresas e é criado e desenvolvido justamente nos ditames das boas práticas corporativas (ROCHA JÚNIOR; GIZZI, 2018, p. 129). Portanto, o programa de *compliance* busca incentivar condutas pautadas pela ética, visando a prevenir a ocorrência de fraudes e de corrupção dentro das organizações. Fundamentalmente, o programa de *compliance* possui o escopo de influenciar positivamente o comportamento dos membros da organização, permitindo a implementação de uma cultura corporativa que de fato valorize a ética nas relações interpessoais e institucionais, no âmbito interno e externo da organização, assim como promovendo condutas em conformidade com os regulamentos internos, externos e com as leis (ROCHA JÚNIOR; GIZZI, 2018, p. 129).

Operacionalmente, a estruturação de um programa de *compliance* precisa considerar os riscos que estão presentes dentro da corporação, aos quais a empresa está exposta, denominados riscos de *compliance,* que deve ser trabalhados nesta fase da análise de riscos (ROCHA JÚNIOR; GIZZI, 2018, p. 128). Sequencialmente, a organização deve desenvolver e implantar medidas com o intuito de mitigar os riscos identificados, visando à redução da probabilidade dessas ocorrências (ROCHA JÚNIOR; GIZZI, 2018, p. 128). Em exemplificação a esta etapa, tem-se a possibilidade de a organização criar uma linha direta para denúncias, em que ao mesmo tempo que educam os funcionários sobre os tipos de atividades fraudulentas, ensina-os a identificar os sinais em seus colegas, permitindo a realização de denúncia da conduta indevida, além da análise de relatórios e controles (ANTONIK, 2016, p. 38).

A mitigação de riscos pela organização é essencial em razão de que uma empresa precisa desempenhar diversas atividades para a consecução de seus objetivos, e dentro dessas atividades pode haver riscos correspondentes, portanto, a empresa não pode parar as suas atividades para constantemente eliminar esses riscos, sob pena de comprometer a própria existência da organização (ROCHA JÚNIOR; GIZZI, 2018, p. 130). Destarte, são nesses casos que os programas de *compliance* se aplicam, em que, por meio deles, os riscos das atividades das organizações podem ser devidamente identificados e mitigados, sendo reduzidos a níveis aceitáveis e que não prejudiquem as atividades das organizações (ROCHA JÚNIOR; GIZZI, 2018, p. 130).

Em relação a finalidade, um programa de *compliance* deve ser encarado como um sistema que reúne um conjunto de processos, de forma ampla, os quais são formados por uma gama de atividades lógicas que devem ser realizadas pelos membros da organização, em sentido estrito, visando a um resultado específico (ROCHA JÚNIOR; GIZZI, 2018, p. 131). Portanto, faz-se importante compreender que os processos do programa de *compliance* são inter-relacionados e interdependentes, em que o resultado do todo depende do resultado de cada um dos processos, sendo que a falha de um deles poderá comprometer o resultado do programa (ROCHA JÚNIOR; GIZZI, 2018, p. 131).

Ante o exposto, permite-se a compreensão de que um programa de *compliance*:

> (...) envolve questão estratégica e se aplica a todos os tipos de organização, visto que o mercado tende a exigir cada vez mais condutas legais e éticas, para a consolidação de um novo comportamento por parte das empresas, que devem buscar lucratividade de forma sustentável, focando no desenvolvimento econômico e socioambiental na condução dos seus negócios. (RIBEIRO; DINIZ, 2015, p. 88)

Portanto, entende-se que o programa de *compliance* é essencial para a reafirmação prática das máximas principiológicas da própria integridade corporativa, por meio de um programa interconectado. Neste sentido, a implantação de um programa de *compliance*, no âmbito corporativo, pode ocorrer por intermédio de uma equipe exclusivamente formada por funcionários da empresa ou com o auxílio de consultoria especializada contratada pela organização (ROCHA JÚNIOR; GIZZI, 2018, p. 132-133). Desta forma, permite-se a integração de todos os setores da empresa, visando à persecução do objetivo comum da integridade.

O programa de *compliance,* para o escopo do presente estudo, é essencial para que as empresas inseridas no ambiente do metaverso possam estar pautadas em diretrizes que tutelem a capacidade das partes, em especial dos consumidores que realizarão contratações eletrônicas dentro do metaverso. A referente preocupação é especialmente essencial para que as empresas possuam confiabilidade dentro deste ambiente virtual. Assim, tem-se o seguinte ensinamento:

> (...) num mundo em constante transformação, a nova leva de consumidores tende a ser altamente crítica e a adquirir não somente produtos e serviços, mas valores e comportamentos sustentáveis, além de seus efeitos em termos de confiança pública nacional e internacional. (RIBEIRO; DINIZ, 2015, p. 94)

No mesmo sentido, tem-se que:

> Além de incentivar condutas socialmente desejáveis, o tratamento diferenciado para empresas que investem em medidas de prevenção e de promoção de integridade corporativa serve para minimizar desvantagens competitivas e reduzir distorções de mercado que beneficiariam aquelas que nada fazem para evitar práticas ilícitas. (MAEDA, 2013, p. 171).

Portanto, as empresas dotadas de um programa de *compliance* adequado e interconectado são capazes de experimentar a redução dos custos e riscos operacionais, alcançando o aumento da competitividade em relação aos concorrentes, além de agregar valor à marca e à imagem (ROCHA JÚNIOR; GIZZI, 2018, p. 136). Contudo, e conforme analisado, a implantação e a manutenção do programa de *compliance* exigirão da empresa a disponibilização de recursos físicos, além de investimento financeiro (ROCHA JÚNIOR; GIZZI, 2018, p. 136). Neste contexto, tem-se a essencialidade da governança para a efetividade do programa de *compliance.*

Especificamente, faz-se por necessário abordar o conceito de GRC, sendo a união da Governança, Riscos e *Compliance,* por intermédio do tripé de gestão ética dos negócios, conformidade e estado de adesão (BLOCK, 2020, p. 310). A junção da Governança, Riscos e *Compliance* faz com que determinada organização integre suas atividades de forma a evitar erros e agir em conformidade com as suas diretrizes e regras, de forma a definir políticas internas da empresa e quais as estratégias que serão usadas para expandir sua atuação econômica e social (BLOCK, 2020, p. 310). Em verdade, a combinação destes processos permite que os gerenciamentos de uma empresa estejam pautados em estratégias de negócios, visando a que ocorram de forma unificada e transparente, com avaliação de riscos pertinente e garantia de conformidade com políticas corporativas, leis e regulamentações (BLOCK, 2020, p.

310).

Conceitualmente, compreende-se que Governança se trata da forma como as decisões são tomadas pelas organizações para gerir, monitorar e motivá-las a atingir seus objetivos com total controle e reconhecimento de suas capacidades e competências, envolvendo diversos membros das empresas (BLOCK, 2020, p. 311). Assim, tem-se o objetivo de desenvolvimento de políticas e procedimentos, bem como a definição de responsabilidades e a criação de diretrizes que orientam tanto as pessoas quanto os processos da organização (BLOCK, 2020, p. 311).

Quanto aos Riscos, entende-se como a possibilidade que ocorra uma perda, prejuízo ou falha dento da organização, podendo afetar a própria criação de valor na empresa (BLOCK, 2020, p. 311). Portanto, uma organização precisa ser capaz de antecipá-los, analisar seus impactos e estudar formas de evitá-los, mitigá-los e remediá-los (BLOCK, 2020, p. 311).

Por fim, o *compliance,* conforme já analisado, relaciona-se com o dever de toda empresa em cumprir as leis, determinações da fiscalização, órgãos regulatórios, agências governamentais e, especialmente, diretrizes internas determinadas pela governança (BLOCK, 2020, p. 311). Em exemplificação, tem-se os manuais de ética, definição de valores da empresa e normas de prevenção de riscos, dentre outros fatores (BLOCK, 2020, p. 311).

Ante o exposto, permite-se a compreensão que a junção da Governança, Riscos e *Compliance* pode ser pautada como uma filosofia de negócio, sendo um importante diferencial que afeta o desempenho dos negócios das organizações, além de gerar mais controle e transparência para a organização e para as partes interessadas (BLOCK, 2020, p. 311). Em verdade, tem-se que não existe governança sem a gestão de risco e da aplicação efetiva de um programa de *Compliance,* em que a união concreta entre Governança, Riscos e *Compliance* busca otimizar o trabalho da administração da organização, de forma a garantir que a própria empresa esteja em conformidade com as normas (BLOCK, 2020, p. 311).

Operacionalmente, faz-se necessária a constituição de um comitê de elegibilidade composto pelo Conselho de Administração, Diretoria, Conselho Fiscal e um Comitê de auditoria, sendo estabelecidas regras atinentes às estratégias de longo prazo, às práticas socioambientais, gestão de riscos, previsão de sanções, treinamentos, políticas e procedimentos, controles internos, relatórios de sustentabilidade, canais de denúncia, auditoria interna, dentre outros (BLOCK, 2020, p. 312). Em exemplificação, para a estruturação de boas práticas da empresa, tem-se a necessidade do entendimento e levantamento da estrutura de Governança, Riscos e *Compliance* existente dentro da organização, por meio de um *checklist* que aborde as preposições necessárias para a estruturação de diretrizes à organização (BLOCK, 2020, p. 313).

Sequencialmente, torna-se imprescindível a compilação dos resultados alcançados, com a elaboração e apresentação de recomendações, alcançando então um plano de implementação dentro da organização que determinará as diretrizes a serem seguidas. Por consequência, tem-se a necessidade das estruturações dos Conselho de Administração, Conselho Fiscal, Comitê de Auditoria e Comitê de Elegibilidade, que serão os responsáveis por implementar e fiscalizar as diretrizes que foram determinadas (BLOCK, 2020, p. 313).

Assim, tem-se a importância da aplicação da metodologia de avaliação destes órgãos de governança, com a consequente estruturação do relatório de sustentabilidade da organização e o relato integrado, chegando na formulação da carta anual de governança, que devem possuir modelos de divulgação específicos em relação as informações relevantes requeridas pelos critérios de transparência (BLOCK, 2020, p. 313). Consequentemente, alcançar-se-á a estruturação do plano de negócios e estratégia de longo prazo.

Neste sentido, e para alcançar os objetivos pretendidos, tem-se a necessidade de organização das áreas de *Compliance* e Controles Internos, nos termos dos programas de *compliance* já analisados, possuindo as atribuições de mapeamento de processos e identificação de riscos e controles (BLOCK, 2020, p. 313). As áreas de *Compliance* e Controle Internos precisam estar pautadas na interconectividade dos setores da organização, visando a um propedêutico mapeamento de processos e uma ampla identificação de riscos, para alcançar controles efetivos.

Sequencialmente, requer-se a aplicação de políticas e procedimento de *compliance,* como controles internos, bases de anticorrupção, antissuborno e antitruste, visando à formulação do Código de Ética e Conduta da empresa (BLOCK, 2020, p. 314). Contudo, para a referida aplicação ser efetiva, faz-se necessário a comunicação e treinamento dos membros da organização corporativa, com o monitoramento e aplicação de testes de Controles Internos e *compliance,* visando à elaboração do Programa de *Compliance* Corporativo, que determinará as diretrizes e condutas a serem seguidas dentro da organização para estar em conformidade com os procedimentos regulatórios pretendidos (BLOCK, 2020, p. 314).

Destarte, os responsáveis pela gestão de riscos devem realizar o desenho das interfaces para as áreas de riscos, controles internos, *compliance* e auditoria interna, visando a integrar o processo de gestão de riscos ao planejamento estratégico (BLOCK, 2020, p. 314). Para isso, tem-se a necessidade de definição do apetite a risco da organização, formulando a identificação e conceituação dos principais riscos que ocorrem na empresa, com a consequente estruturação da régua de impacto e probabilidade de reincidência, para então ser possível a estruturação de um portifólio de riscos estratégicos e operacionais (BLOCK, 2020, p. 314). Assim, permite-se a formulação da política de gerenciamento de riscos e demonstração dos indicadores de monitoramento de riscos, devendo ser contínuo, com o mapeamento e atualização dos processos dos negócios da empresa, identificando os riscos corporativos, estratégicos, operacionais e financeiros (BLOCK, 2020, p. 314).

Por fim, dentro da estrutura da Governança, Riscos e *Compliance,* tem-se a importância da área de auditoria interna, devendo compreender o desenvolvimento de metodologia de auditoria interna e execução de seus processos de negócios, com a estruturação da governança da área de auditoria interna (BLOCK, 2020, p. 314). Portanto, faz-se necessário a emissão de relatório com resultados da auditoria, com as recomendações e a mensuração de impacto e a probabilidades dos riscos nos processos, por intermédio de uma auditoria contínua e levantamento de dados (BLOCK, 2020, p. 314). Desta forma, alcançar-se-á o desenvolvimento de uma matriz de riscos e controles, com o mapeamento e atualização das diretrizes dos programas de *compliance* presente nas organizações (BLOCK, 2020, p. 314).

Ante o exposto, entende-se que a consonância e intersecção operacional da Governança, Riscos e *Compliance* é essencial para uma organização alcançar a conformidade com as disposições legais e regulatórias, assim como com as diretrizes estabelecidas internamente. Portanto, tem-se que os principais elementos que são essenciais para alcançar a referida consonância são: auditoria interna, gestão de riscos, controles internos, sustentabilidade e governança corporativa (BLOCK, 2020, p. 313).

Neste sentido, impõe-se compreender a governança corporativa, em que sua estruturação está intrinsicamente relacionada com o conselho de administração e diretoria das organizações, que são eleitos pelos sócios ou acionistas, para fazer com que a sociedade gere lucros, prospere e tenha vida longa (NEVES, 2021, p. 36). Nessa relação de perenidade é que originalmente os órgãos da sociedade foram estabelecidos nas organizações de capital, dando maior relevo aos acionistas majoritários (NEVES, 2021, p. 36). Contudo, com o tempo o entendimento de que os acionistas minoritários também deveriam ter seus direitos respeitados foi ganhando força, e nessa relação a governança corporativa foi evoluindo sua forma operacional (NEVES, 2021, p. 36).

Conceitualmente, segundo Edson Silva (2016, p. 29), tem-se que: "A governança corporativa é um conjunto de práticas que têm por finalidade otimizar o desempenho de uma companhia, protegendo investidores, empregados e credores, facilitando, assim, o acesso ao capital.". No mesmo sentido, tem-se que:

> Governança Corporativa é todo o processo de gestão e monitoramento desta que leva em consideração os princípios da responsabilidade corporativa (fiscal, social, trabalhista, comunitária, ambiental, societária), interagindo com o ambiente e os públicos estratégicos, os chamados stakeholders, em busca da sustentabilidade para ser longeva. (GONZALEZ, 2012, p. 18)

Por conseguinte, o ambiente corporativo está envolto por diversos segmentos, como os acionistas e sócios, clientes, órgãos governamentais, empregados, fornecedores, consorciados, distribuidores e outros (NEVES, 2021, p. 39), e a gestão e monitoramento corporativo é essencial para que estes segmentos possam coexistir de forma colaborativa. Assim, compreende-se que a governança corporativa é um sistema que envolve relações entre acionistas, administradores e membros da própria organização, aprimorando a gestão e buscando alcançar as finalidades da sociedade (NEVES, 2021, p. 39).

Dentro do objeto do presente estudo, tem-se que a essencialidade da governança corporativa, em consonância com as diretrizes do *compliance,* relaciona-se com a melhoria do processo decisório de uma empresa, objetivando a redução da probabilidade de erros e o aumento da velocidade de correção desses erros (GONZALEZ, 2012, p. 40). Portanto, para uma empresa inserida dentro do metaverso, este sistema é essencial para estruturar mecanismos protetivos para a segurança das partes envolvidas nas contratações eletrônicas, conforme será sequencialmente analisado.

Operacionalmente, a governança corporativa pode ser compreendida como um mecanismo com duas subdivisões, os mecanismos internos e os mecanismos externos (SILVA, 2016, p. 36). Os mecanismos internos possuem relação com o sistema de remuneração dos administradores e colaboradores, devendo estar alinhado com os interesses da organização e, quando for o caso, dos acionistas; e relação com a concentração acionária e atuação de investidores institucionais, com a estrutura de propriedade e comportamento dos gestores, em que a estrutura acionária influencia o comportamento dos administradores, mitigando ou exacerbando potenciais conflitos de interesses (SILVA, 2016, p. 36).

Em relação aos mecanismos internos, pensando na interrelação com o *compliance,* tem-se que a empresa deve se preocupar com as regras em como fazer negócios, para conseguir alcançar a perenidade (SILVA, 2016, P. 36). Portanto, faz-se necessário o seguimento de princípios e práticas de governança transparentes e sistemáticas de reporte dos resultados; a aplicação de plano estratégico, plano de negócios e monitoramento da gestão; por fim, a realização de auditoria interna e a implementação de ouvidoria/canal de denúncias atuantes, que estejam sob a supervisão do Comitê de Auditoria, quando houver, ou ao Conselho de Administração (SILVA, 2016, p. 36).

Quanto aos mecanismos externos, tem-se a necessidade de proteção legal aos investidores e procura pela adequada aplicação das leis, com o tratamento justo de todos os sócios/acionistas e demais partes interessadas; a presença de órgãos de controle externo, que sejam independentes, justos e ativos; assim como a realização de auditoria independente, visando a um monitoramento eficaz da organização; a presença de grau de competição no mercado, em que os administradores de empresas sujeitas a maior concorrência fazem com que as ineficiências de governança sejam menores; e a presença de agências de *ratings,* responsáveis pelas classificações de risco da organização, avaliando, atribuindo notas e classificando as empresas de forma independente (SILVA, 2016, p. 37).

Neste sentido, um sistema de governança corporativa pode ser considerado eficiente quando existe uma combinação destes dois mecanismos, com o objetivo de assegurar a tomada de decisões baseada no melhor interesse da organização e com uma visão de geração de valor de longo prazo (SILVA, 2016, p. 36). Em verdade, a consonância entre o ambiente interno e externo de governança corporativa é essencial para a adequada gestão conectiva da organização, visando à integração dos diversos setores da empresa, desta forma, alcançando a própria efetividade da implementação do programa de *compliance.*

Por fim, compreende-se que o fator humano, sendo pessoas e lideranças, é um elemento fundamental e de grande desafio para alcançar um boa governança e gestão dos negócios coordenados para o longo prazo e sempre suportados pela ética empresarial (SILVA, 2016, p. 91). Nestes termos, a intersecção prática com as diretrizes do *compliance* é imprescindível para alcançar a conformidade nas organizações, especialmente, nas empresas que estão inseridas no metaverso.

Destarte, entende-se que o *compliance,* por consequência, não se restringe simplesmente com a observância das leis, em verdade, necessita-se da adoção de um conjunto de disciplinas e estratégias que estejam voltadas para o cumprimento das normas regulamentares a que uma organização está inserida (ARTESE, 2021, p. 501). Portanto, a conformidade também pode ser atingida por meio do estabelecimento e cumprimento de políticas e diretrizes no tocante procedimental e ético estabelecidas pela própria organização (ARTESE, 2021, p. 501).

Em verdade, o *compliance,* estando muito além do estrito cumprimento de leis e normais, refere-se ao conjunto de esforços voltados a fazer com que uma organização, e seus membros, assumam comportamentos adequados ou desejáveis (ARTESE, 2021, p. 501). Desta forma, a prática do *compliance* determina que os membros de uma organização estejam sim em sintomia com as diretrizes legais, mas também com as da própria instituição, para que ao longo do desenvolvimento das atividades o processo seja virtuoso em toda a organização.

Por consequência, o papel significativo das legislações e dos procedimentos normativos para os fins de *compliance* não afasta o protagonismo da ética em seus objetivos, em que quanto mais destacado o conteúdo ético e comportamental de uma norma, mais afeita a programas de *compliance* estará (ARTESE, 2021, p. 501). Em outras palavras, por intermédio da estruturação de programas de *compliance,* os próprios membros das organizações possuem diretrizes para saberem como devem proceder ao longo do cotidiano em bases éticas. Neste sentido, tem-se que:

> (...) os programas de *compliance* podem ser sintetizados como instrumentos manejados pelas organizações para o atendimento das normas vigentes e das expectativas de comportamento pró-social, operacionalizados pela instituição de ações, mecanismos e diretrizes de prevenção, controle e correção de condutas no ambiente interno.

Desta forma, conforme amplamente analisado, os programas de *compliance* são essenciais para permitir a estruturação de diretrizes éticas, em que estruturas organizacionais que distanciam a gestão da operação estão fadadas ao fracasso, em que a interação desses fatores é essencial para o próprio alcance de resultados (ANTONIK, 2016, p. 37). Nestes termos, finalizando a análise deste tópico, importante salientar que o *compliance*, em sentido amplo, pode ser entendido como a necessidade de conformidade com os dispositivos legais e os procedimentos regulatórios internos e externos de uma organização corporativa. Em um tom prático, o *compliance* integra uma sistemática complexa e organizada de procedimentos que buscam o controle de riscos e a preservação de valores intangíveis que deve estar em coerência com a estrutura societária existente, o compromisso efetivo de liderança e a estratégia da empresa (FREITAS, 2020, p. 46).

Levando em consideração o âmbito corporativo, tem-se que o *compliance* é um instrumento utilizado para mitigação de riscos, buscando a preservação dos valores éticos e de sustentabilidade corporativa, visando a que a continuidade do negócio seja preservada, assim como o interesse dos acionistas (BERTOCCELLI, 2021, p. 39). Portanto, a aplicabilidade do *compliance* resulta justamente na criação de um ambiente de segurança jurídica e confiança, visando à melhoria no âmbito prático da empresa.

Contextualmente, o *compliance* pode ser compreendido como um conjunto de regras e modelos que envolve procedimentos éticos delineados para orientar o comportamento de indivíduos e empresas no ambiente que se inserem (FREITAS, 2020, p. 46). Assim, o referido conjunto de regras irá envolver os sujeitos em suas relações desenvolvidas em seus respectivos ramos de atuação, visando à estruturação de uma organização que esteja em sintonia com os métodos regulamentários.

Portanto, cumpre ressaltar que a aplicação do *compliance* não precisa estar somente interligada com a prevenção corruptiva, podendo ser aplicado em diversos mecanismos que precisem instituir padrões assecuratórios para estar em conformidade com os dispositivos legais e procedimentos regulatórios definidos para determinada atividade. De modo específico, os programas de integração e conformidade não se limitam as condutas empresariais ou organizacionais, mas também com outros ramos do Direito e outras áreas que possam aplicar esse sistema de conformidade (FREITAS, 2020, p. 46).

Em verdade, o *compliance,* em consonância com a boa governança, não se estabelece automaticamente, considerando que depende dos requisitos legais normativos e suplementares não normativos e da reação dos destinatários, tais como a vontade de cumprir (HOFFMANN-RIEM, 2022, p. 177). Em gravame, esta complexidade se torna ainda mais latente quando as diretrizes do *compliance* é inserido dentro do ambiente digital, portanto, importante compreender a contextualização do *compliance* digital em relação as diretrizes supramencionadas do *compliance*, em sentido amplo.

### 3.3.1 O COMPLIANCE DIGITAL

O *compliance* digital, considerando o objeto de estudo da presente pesquisa, pode ser instaurado no escopo da introdução de políticas corporativas para estruturarem sistemas de segurança para controladoria das partes envolvidas nas contratações eletrônicas formalizadas no metaverso (DIEDRICH, 2019, p. 83). Então, compreende-se que o *compliance* digital é essencial para ser conjuntamente aplicado ao *compliance* contratual, para permitir que as contratações eletrônicas formalizadas no metaverso estejam em conformidade com os procedimentos regulatórios e alcancem a tutela da segurança jurídica das partes.

O *compliance* digital é amplamente considerado como um mecanismo prático para a proteção da privacidade das partes envolvidas, por exemplo, em uma contratação eletrônica, contudo, a sua aplicabilidade pode ir muito além da simples proteção privativa dos dados. Conceitualmente, o *compliance* digital pode ser compreendido como a necessidade de criar mecanismos que protejam os usuários, com o seguimento das regulamentações pertinentes para a segurança e com a prevenção de riscos cibernéticos, podendo culminar na aplicação de sanções para crimes cometidos no ambiente virtual (BLOK, 2020, p. 217). Portanto, o *compliance* digital pode ser compreendido como a necessidade de adequação e conformidade com os preceitos legais, regulatórios e éticos dentro do ambiente digital.

Operacionalmente, um programa de *compliance* digital pode estar estruturado nas seguintes medidas: a realização de uma auditoria prévia com o objetivo de verificar como estão sendo administradas as soluções em tecnologia adotadas nas organizações com o fim de identificar eventuais falhas e para direcionar seu uso para que sirvam como fatores de segurança e desempenho (BLOK, 2020, p. 217); Sequencialmente, tem-se a necessidade da análise de licenças contratadas em proporção com o número de usuários capacitados para o seu uso, objetivando a preservação da segurança dos dados dos clientes, prevenção de ataques cibernéticos e furto das informações (BLOK, 2020, p. 217); Ainda, tem-se a necessidade de adequação da Política de Privacidade e Termos de Uso em conformidade com os as disposições legislativas que a empresa esteja inserida (BLOCK, 2020, p. 217); Por fim, tem-se a exigência de normas internas de gestão, tais como regulamentos internos voltados à gestão dos recursos de tecnologia da informação e políticas internas a fim de evitar abusos, práticas antiéticas e ilegais que podem colocar em risco a atividade, a marca e o próprio nome da empresa, portanto, objetiva-se o fortalecimento da relação com membros da organização e o aumento da credibilidade da empresa (BLOCK, 2020, p. 217).

Em exemplificação, tem-se o dever de *compliance* digital imposto aos provedores de conexão e aos provedores de aplicações de Internet no artigo 11º, parágrafo 3º, do Marco Civil da Internet:

> Art. 11º, §3º: Os provedores de conexão e de aplicações de internet deverão prestar, na forma da regulamentação, informações que permitam a verificação quanto ao cumprimento da legislação brasileira referente à coleta, à guarda, ao armazenamento ou ao tratamento de dados, bem como quanto ao respeito à privacidade e ao sigilo de comunicações. (BRASIL, 2014, *online*)

Portanto, verifica-se a preocupação legislativa em tutelar os referidos direitos da personalidade dos usuários. Assim, tem-se a essencialidade da aplicação de um programa de *compliance* digital por parte dos provedores de conexão e de aplicações de internet, para alcançarem a conformidade com a legislação brasileira e efetivarem a tutela da privacidade e do sigilo de comunicações dos usuários.

Em verdade, o descumprimento dos deveres de cuidado objetivo por parte dos provedores alcança a responsabilidade criminal, administrativa e civil, inclusive de cunho patrimonial, podendo se estender à suspensão de suas atividades por prazo certo ou à proibição definitiva de atuação em território brasileiro (BLOCK, 2020, p. 2019). Portanto, a ausência de um programa adequado de *compliance* digital coloca em risco a própria atividade profissional dos provedores de conexão e de aplicações de Internet.

Na prática, entende-se que os provedores profissionais deverão adotar rotinas de auditoria interna para verificar vulnerabilidades dos seus sistemas digitais, a fim de evitar danos aos usuários, bem como contar com políticas de capacitação e de mapeamento corporativo (BLOCK, 2020, p. 219). Especificamente, tem-se a possibilidade da utilização de medidas capazes de detectarem riscos no campo dos recursos humanos e deter sistemas de controle de acessos a dados sensíveis por parte dos funcionários das organizações, visando à redução dos riscos de vazamentos involuntários ou de captação clandestina e intencional de dados pessoais para a comercialização (BLOCK, 2020, p. 219).

Por conseguinte, os estabelecimentos de parâmetros e diretrizes para aplicabilidade de um programa de *compliance* digital é essencial para empresas que possuem a inserção de atividades exclusivamente no âmbito digital possam estar em conformidade com os parâmetros legislativos e regulatórios. Fundamentalmente, pensando nas empresas no âmbito do metaverso, esta necessidade se torna ainda mais evidente pelo fato de ser um novo ambiente virtual, conforme já abordado.

Ante o exposto, considerando a problemática do presente estudo, impõe-se abordar três conceituações que são necessárias para compreender a importância do *compliance* digital, sendo a primeira a autoconfiguração, em que são as medidas tomadas individual ou coletivamente para atingir objetivos por meio de um comportamento autônomo (HOFFMANN-RIEM,

2022, p. 186). Seguidamente, para que atividades possam ser efetivamente realizadas dentro deste aspecto de autonomia, necessita-se da estruturação de regras de conduta, que podem ser criadas pelas próprias partes envolvidas, a exemplo de obrigações morais ou éticas autoimpostas ou regras sobre a natureza da interação entre as partes envolvidas em um processo ou produto, e é neste contexto que se tem a autorregulação (HOFFMANN-RIEM, 2022, p. 186). Por fim, tem-se a autorregulação regulada, que pode ser pelo Estado, quando as autoridades públicas estruturam as referidas regras de conduta na persecução de uma atividade, observando o bem comum; ou pode ser regulada pelo setor privado, em que uma empresa externa irá estruturar estas regras de condutas para que uma outra empresa possa inserir em suas atividades (HOFFMANN-RIEM, 2022, p. 186).

Dentro do contexto do metaverso, permite-se a compreensão destes três conceitos dentro da própria prática do ambiente digital. Primeiramente, conforme já analisado neste estudo, tem-se que pela autonomia privada as partes podem realizar a contratação eletrônica dentro do metaverso, a exemplo da declaração de vontade para a compra de um tênis virtual. Portanto, nesta estruturação do comportamento autônomo se apresenta a autoconfiguração. Sequencialmente, para que esta contratação eletrônica possa ocorrer de forma adequada, necessita-se que regras de conduta sejam estabelecidas, para que, por exemplo, o consumidor tenha o direito de provar e visualizar o bem que deseja comprar, ainda que dentro do ambiente virtual, e é dentro do contexto desta exigência que se tem a autorregulação. Por fim, visando a que o processo de compra dentro do metaverso respeite as legislações referentes ao local que aquela negociação será realizada e as diretrizes comerciais, a autorregulação poderá ser regulada pelo próprio Estado que o sistema do metaverso está inserido e/ou por uma empresa externa, em que ambos os casos serão estruturados regras de condutas para que estas atividades possam ser realizadas.

Em exemplificação, pensando em uma compra dentro do metaverso realizado entre uma empresa brasileira e um consumidor igualmente brasileiro, tem-se a ilegalidade da venda de um produto com conteúdo sexual para menores de 18 anos. Portanto, embora as partes declarem as vontades de vender e comprar este produto, se o consumidor não possuir de fato a maioridade, a negociação será nula. Neste sentido, buscando evitar a referida complicação, a empresa que detém o domínio do sistema do metaverso pode estruturar regras de condutas para que esta contratação eletrônica possa ocorrer, a exemplo de estipular a exigência da verificação de identidade antes que a venda do produto com conteúdo sexual ocorra, em que neste contexto terá a autorregulação. Ou então, pode contratar uma empresa externa para estruturar regras de conduta para esta negociação ocorrer de forma adequada, com a exigência de padrões de verificação da identidade do consumidor, em que neste caso terá a ocorrência da autorregulação regulada, podendo ser formalizada por intermédio da realização da Política de Privacidade e Termos de Uso.

Por conseguinte, nesta contextualização tem-se, por extensão, a aplicação nas contratações eletrônicas das máximas do *compliance*, em sentido amplo, e do próprio *compliance* digital, corroborando para a estipulação de moldes de integridade e segurança jurídica (TONON, 2016, p. 31). Em verdade, a elaboração e execução dos contratos eletrônicos, principalmente quando inseridos dentro do ambiente do metaverso, estão diretamente relacionados com a gestão de riscos contratuais, conforme anteriormente abordado quanto aos riscos para a segurança jurídicas das partes envolvidas, em que exige estudo dos cenários envolvidos (PINHEIRO, 2021, p. 195).

### 3.3.2 O COMPLIANCE CONTRATUAL

Nestes termos, em uma conceituação extensiva, tem-se o *compliance* contratual, que pode ser compreendido como a necessidade de que a formalização contratual esteja em sintonia com os dispositivos legais e procedimentos regulatórios que regem o negócio jurídico. Especificamente, para que uma contratação eletrônica seja formalizada de forma adequada deve ser medido o impacto da contratação dentro do negócio que está sendo realizado, considerando os impactos que o serviço ou o produto pode causar dentro do ambiente que está disposto e considerando as partes que estão envolvidas no negócio jurídico (PINHEIRO, 2021, p. 195).

O *compliance* contratual pode ser aplicado pela própria empresa que estrutura o sistema do metaverso e pelas empresas que irão comercializar seus produtos e serviços neste ambiente. Portanto, as organizações empresariais precisam garantir maior auditoria, segurança e transparência às relações contratuais formalizadas no ambiente do metaverso. De modo específico, o objetivo deve estar pautado em ilidir as problemáticas supramencionadas quanto a verificação da capacidade das partes envolvidas no negócio jurídico.

Importante salientar que, conforme analisado anteriormente, o *compliance* digital tem a sua aplicabilidade relacionada comumente com sistemas protetivos quantos aos dados e informações confidenciais das partes envolvidas em contratações eletrônicas. Portanto, diferentemente deste posicionamento, o *compliance* contratual possui o escopo de aplicar as máximas do *compliance* na formalização contratual em si, visando a que a sua celebração seja dotada de segurança jurídica, conforme será analisado.

Na prática, utilizando as máximas das características do

*compliance* em si e do *compliance* digital, tem-se que em dois momentos o *compliance* contratual poderá ser aplicado, na fase pré-contratual e na contratual propriamente dita (NUNES, 2019, p. 23). A primeira fase está relacionada com as verificações prévias que devem ser analisadas antes da formalização contratual, visando a que as determinações legislativas e contratuais sejam respeitadas e seguidas (NUNES, 2019, p. 23). A referida fase é essencial para aplicação dos mecanismos práticos para alcance da tutela da segurança jurídica das partes, que serão analisados no próximo tópico.

Nesta fase, uma importante aplicação se refere ao *due diligence,* determinada como diligência prévia, referindo-se ao processo de investigação de uma oportunidade de negócio para avaliar os riscos da transação antes da decisão final da formalização contratual (RESENDE, 2016, p. 17). Especificamente, tem-se a maximização da relação custo-benefício das estratégias de análise escolhidas, com uma avaliação de impacto por métodos científicos, verificando os riscos e benefícios que determinada operação poderá gerar (RESENDE, 2016, p. 17).

Portanto, ao efetuar uma análise de *due diligence* nos fornecedores, parceiros e clientes, a própria organização responsável por operacionalizar o sistema do metaverso (como o caso da *Roblox*) poderá criar planos de ação para mitigar os riscos dos usuários do sistema (NUNES, 2019, p. 24). Em verdade, o próprio sistema já poderá estabelecer métodos de verificações para validar a real identidade do usuário que está acessando o ambiente do metaverso, evitando que um incapaz que possua o login e senha do seu pai consiga realizar o referido acesso. Da mesma forma, as empresas inseridas no metaverso, que comercializam seus produtos e serviços, podem estabelecer técnicas de diligências prévias para confirmação a identidade do consumidor e tutelar a segurança jurídica das partes envolvidas nas contrações eletrônicas formalizadas no ambiente do metaverso.

A análise de *due diligence* pode ser realizada pelas próprias empresas presentes no sistema do metaverso ou por empresas externas especializadas que possam fazer as referidas verificações das identidades dos usuários que acessam o ambiente do metaverso (NUNES, 2019, p. 24). Portanto, o processo de *due diligence* é essencial para conhecer bem a outra parte e mitigar os riscos durante a celebração e execução do contrato eletrônico. Em verdade, conhecer quem é o usuário que está acessando o ambiente do metaverso ou está realizando uma contratação eletrônica é essencial para antever os riscos e preparar planos para as devidas mitigações, evitando que uma formalização seja posteriormente declarada nula de pleno direito (NUNES, 2019, p. 25).

As empresas inseridas no ambiente do metaverso precisam estar adequadas ao novo modelo de governança digital e a multidisciplinaridade para garantir que um programa de *compliance* contratual efetivo possa ser devidamente aplicado antes mesmo de ocorrer a formalização de uma contratação eletrônica no ambiente do metaverso. Especialmente, as referidas empresas precisam buscar a conformidade e a coordenação entre todas as novas determinações inseridas no ambiente do metaverso, por intermédio de políticas que busquem tutelar a segurança jurídica das partes envolvidas nas contratações eletrônicas formalizadas no metaverso (RONHA, 2021, p. 69).

Sequencialmente, a segunda fase de aplicação contratual, tem-se a vinculação do *compliance* contratual para que as disposições previstas no contrato eletrônico sejam cumpridas e o instrumento venha a ter eficácia entre as partes e, eventualmente, terceiros (NUNES, 2019, p. 24). Fundamentalmente, tem-se a possibilidade de incluir cláusulas contratuais determinando que, por exemplo, o consumidor assume o risco e garante a autenticidade de ser o responsável por estar realizando determinada contratação eletrônica. Portanto, necessita-se que as contratações eletrônicas formalizadas no metaverso tenham determinações que permitam a executividade dos referidos contratos.

Por conseguinte, a aplicação do *compliance* contratual nos contratos eletrônicos formalizados no ambiente do metaverso é essencial para possibilitar a referida executividade contratual. Previamente, importante compreender que a execução da obrigação inadimplida pelo devedor é aplicada no ordenamento jurídico pátrio na fase fundada em título executivo judicial, a exemplo de uma sentença que alcança características para ser executada e cumprida; e na fase fundada em título executivo extrajudicial, em que um contrato inadimplido pode ser judicializado ao fim de obrigar judicialmente o devedor a cumprir com suas obrigações (COSTA; AZEVEDO JÚNIOR, 2022, p. 7).

Pensando na executividade pautada em título executivo extrajudicial, o ordenamento jurídico estabelece requisitos para que o título possa de fato ser executado, devendo possuir a devida previsão e o enquadramento na lei. Em exemplificação, o título executivo deve representar uma obrigação certa, referente a obrigação não depender de elementos extrínsecos para ser identificada; líquida, relacionada à determinação ou possibilidade de ser determinável a prestação constante no título executivo; e exigível, em que a obrigação representada somente poderá portar eficácia executiva se o direito subjetivo disser respeito à pretensão atual (COSTA; AZEVEDO JÚNIOR, 2022, p. 10).

Portanto, um contrato eletrônico formalizado no ambiente do metaverso não exige a apresentação do documento original fisicamente, em que durante a formalização não haverá a presença de duas testemunhas para assinarem o instrumento contratual e o conferir validade. Assim, a aplicação do *compliance* contratual se mostra essencial para que os contratos eletrônicos formalizados no metaverso também sejam dotados de executividade. Neste sentido, importante compreender que o Superior Tribunal de Justiça já se posicionou no sentido de que na falta da assinatura das testemunhas não há título, e portanto, rejeitando a execução fundada em instrumento particular desprovido da assinatura das duas testemunhas no documento[4] (COSTA; AZEVEDO JÚNIOR, 2022, p. 17).

Todavia, o Superior Tribunal de Justiça vem entendendo que a assinatura das testemunhas é um requisito extrínseco à substância do ato, em que o escopo é aferir a existência e a validade do negócio jurídico, podendo, em caráter absolutamente excepcional, ser suprida por outros meios idôneos[5] (COSTA; AZEVEDO JÚNIOR, 2022, p. 18). Especificamente, o Superior Tribunal de Justiça partiu do entendimento de que a assinatura das testemunhas instrumentárias somente expressa a regularidade formal do contrato, mas não evidencia sua ciência acerca do conteúdo do negócio jurídico, em que a ausência da testemunha não chega a ensejar a invalidade do documento[6]. Especialmente, considerando que, excepcionalmente, os pressupostos de existência e os de validade do instrumento contratual podem ser revelados por outros meios idôneos, e pelo próprio contexto dos autos, na ausência das testemunhas não há o que se falar em falta de executividade do título[7] (COSTA; AZEVEDO JÚNIOR, 2022, p. 19).

Verifica-se a evolução do entendimento jurisprudencial em relação as contratações eletrônicas, em que a ausência das testemunhas não é suficiente, por si só, para provocar a invalidade do contrato, por isso a importância de ser admitida a eficácia executiva suprida por outros meios idôneos (COSTA; AZEVEDO JÚNIOR, 2022, p. 20). Nesse sentido, compreende-se que um meio idôneo, em relação a prova da manifestação da vontade dos contratantes no ambiente eletrônico, dá-se pela utilização de certificados digitais, por intermédio da assinatura digital devidamente constituída, conforme entendimento do Superior Tribunal de Justiça[8].

Por conseguinte, entende-se a essencialidade da aplicação do *compliace* contratual nos contratos eletrônicos no ambiente do metaverso, em virtude de que as formalizações contratuais precisarão seguir estes entendimentos jurisprudenciais. De modo específico, os contratos eletrônicos formalizados no ambiente do metaverso precisarão estar em conformidade com estas disposições de autenticidade das partes, para que possam atingir a devida validade e, consequentemente, executividade. Assim, os mecanismos práticos que serão analisados no próximo tópico deste estudo serão essenciais para aplicabilidade do *compliance* contratual, visando à estipulação de meios idôneos para a tutela da segurança jurídica das partes envolvidas nas contratações eletrônicas formalizadas no ambiente do metaverso.

Compreendida a referida contextualização, e previamente à análise dos referidos mecanismos práticos, faz-se necessário abordar como o *compliance* contratual pode ser aplicado na prática, sendo importante referenciar o Decreto Federal 7.962/2013, que busca regulamentar o Código de Defesa do Consumidor, para dispor sobre a contratação no comércio eletrônico (BRASIL, 2013, *online*). O decreto objetiva garantir a segurança jurídica aos consumidores que desejam utilizar a internet para adquirir bens e serviços, prevendo uma série de obrigações aos fornecedores e prestadores de serviços que desejam atender aos consumidores *online* (BLOCK, 2020, p. 218). Fundamentalmente, dentre as obrigações imputadas aos fornecedores, tem-se a prestação de informações claras, a facilitação do atendimento aos consumidores, e o respeito ao direito de arrependimento (BRASIL, 2013, *online*). Destarte, o referido Decreto obrigou os fornecedores e prestadores de serviços a dedicarem uma especial atenção, a fim de verificar se seus *websites* estão em conformidade com as regras nacionais.

Especificamente, o Decreto determina, em seu artigo 2º, que os sítios eletrônicos ou demais meios eletrônicos para oferta ou conclusão de contrato de consumo devem disponibilizar, em local de destaque e de fácil visualização, informações como: o nome empresarial e o número de inscrição do fornecedor, quando houver, no Cadastro Nacional de Pessoas Físicas ou no Cadastro Nacional de Pessoas Jurídicas do Ministério da Fazenda; o endereço físico e eletrônico, e demais informações necessárias para sua localização e contato; características essenciais do produto ou do serviço, incluídos os riscos à saúde e à segurança dos consumidores; a discriminação, no preço, de quaisquer despesas adicionais ou acessórias, tais como as de entrega ou seguros; condições integrais da oferta, incluídas modalidades de pagamento, disponibilidade, forma e prazo da execução do serviço ou da entrega ou disponibilização do produto; e informações claras e ostensivas a respeito de quaisquer restrições à fruição da oferta (BRASIL, 2013, *online*).

Portanto, a persecução dessas exigências, por intermédio de um programa adequado de *compliance* contratual, é essencial para que um empresa inserida no ambiente do metaverso possa realizar as vendas de seus produtos e serviços. Inclusive, pensando no ambiente do metaverso, o Decreto precisaria ser readequado para se amoldar a referida realidade, em virtude de que empresas poderão estar sediadas exclusivamente no ambiente do metaverso, não possuindo especificamente um endereço físico para sua localização.

Da mesma forma, um contrato eletrônico formalizado dentro do ambiente do metaverso possuirá uma operacionalização diferenciada ao longo de suas etapas, conforme estudado no capítulo anterior, portanto, as empresas inseridas neste ambiente virtual precisam estar em conformidade com as disposições legislativas para que esta operacionalização possa ocorrer de forma adequada. Assim, tem-se a reafirmação da essencialidade da aplicação de um programa de *compliance* contratual de forma adequado.

Sequencialmente, em seu artigo 3º, o Decreto determina que os sítios eletrônicos ou demais meios eletrônicos utilizados para ofertas de compras coletivas ou modalidades análogas de contratação deverão conter informações, além das elencadas no artigo 2º, como: a quantidade mínima de consumidores para a efetivação do contrato; o prazo para utilização da oferta pelo consumidor; e a identificação do fornecedor responsável pelo sítio eletrônico e do fornecedor do produto ou serviço ofertado (BRASIL, 2013, *online*).

Portanto, pensando no ambiente do metaverso, que pode contar disposições de vendas de produtos por intermédio de compras coletivas, é importante que as empresas inseridas neste ambiente virtual estejam em conformidade com as referidas disposições. Especialmente, para que estabeleçam diretrizes na publicidade de seus produtos dentro do ambiente do metaverso e, no momento da formalização do contrato eletrônico, disponham das informações necessárias para a validade do contrato.

Adicionalmente, o artigo 4º do Decreto determina que para garantir o atendimento facilitado ao consumidor no comércio eletrônico, o fornecedor deverá apresentar sumário do contrato antes da contratação, com as informações necessárias ao pleno exercício do direito de escolha do consumidor, enfatizadas as cláusulas que limitem direitos; fornecer ferramentas eficazes ao consumidor para identificação e correção imediata de erros ocorridos nas etapas anteriores à finalização da contratação; confirmar imediatamente o recebimento da aceitação da oferta; disponibilizar o contrato ao consumidor em meio que permita a sua conservação e reprodução, imediatamente após a contratação; manter serviço adequado e eficaz de atendimento em meio eletrônico, que possibilite ao consumidor a resolução de demandas referentes a informação, dúvida, reclamação, suspensão ou cancelamento do contrato; confirmar imediatamente o recebimento das referidas demandas do consumidor, pelo mesmo meio empregado pelo consumidor; e utilizar mecanismos de segurança eficazes para pagamento e para tratamento de dados do consumidor (BRASIL, 2013, *online*).

Desta forma, e em virtude da contratação eletrônica dentro do ambiente do metaverso ocorrer de forma diferenciada da contratação realizada em sites tradicionais de comércio eletrônico, as empresas inseridas neste ambiente virtual precisam estruturar diretrizes eficazes para, por exemplo, conseguirem oferecer ferramentas adequadas de correção de erros informacionais dentro do próprio ambiente do metaverso. Da mesma forma, possuir diretrizes de fornecimento do contrato eletrônico em meio que o consumidor possa ter acesso posterior ao documento, portanto, estruturar formas de compartilhamento para o e-mail cadastrado da parte, permitindo o acesso ainda que fora do metaverso. Assim, a aplicação de um programa de *compliance* contratual se apresenta novamente como medida essencial para persecução das atividades das empresas inseridas dentro do ambiente do metaverso.

Ainda, o referido Decreto dispõe em seu artigo 5º que o fornecedor deve informar, de forma clara e ostensiva, os meios adequados para o exercício do direito de arrependimento pelo consumidor, em que este direito poderá ser exercido pela mesma ferramenta utilizada para a contratação, sem prejuízo de outros meios disponibilizados (BRASIL, 2013, *online*). O Decreto também determina no mesmo artigo que o exercício do direito de arrependimento será comunicado imediatamente pelo fornecedor à instituição financeira ou à administradora do cartão de crédito ou similar, para que a transação não seja lançada na fatura do consumidor; ou seja efetivado o estorno do valor, caso o lançamento na fatura já tenha sido realizado (BRASIL, 2013, *online*). Por fim, no mesmo artigo o Decreto determina que o fornecedor deve enviar ao consumidor confirmação imediata do recebimento da manifestação de arrependimento (BRASIL, 2013, *online*).

Ante o exposto, verifica-se que as empresas inseridas no contexto do comércio eletrônico precisam naturalmente estruturar parâmetros operacionais para cumprir as referidas exigências. Contudo, esta necessidade se torna ainda mais evidente dentro do contexto do metaverso, em virtude de que as empresas inseridas neste ambiente virtual precisam estruturar diretrizes específicas para conseguirem efetivar e cumprir o direito de arrependimento de consumidores que realizarem contratações eletrônicas dentro do ambiente do metaverso. Portanto, a aplicação de um programa de *compliance* contratual é essencial para a conformidade com estas disposições.

Por fim, o Decreto Federal 7.962/2013, em seu artigo 6º, determina que as contratações no comércio eletrônico deverão observar o cumprimento das condições da oferta, com a entrega dos produtos e serviços contratados, observados prazos, quantidade, qualidade e adequação (BRASIL, 2013, *online*). Em gravame, o artigo 7º do referido Decreto determina que a inobservância das condutas descritas no dispositivo ensejará aplicação das sanções previstas no artigo 56 do Código de Defesa do Consumidor, sendo:

> Art. 56. As infrações das normas de defesa do consumidor ficam sujeitas, conforme o caso, às seguintes sanções administrativas, sem prejuízo das de natureza civil, penal e das definidas em normas específicas:
>
>   I - multa;
>   II - apreensão do produto;
>   III - inutilização do produto;
>   IV - cassação do registro do produto junto ao órgão competente;
>   V - proibição de fabricação do produto;
>   VI - suspensão de fornecimento de produtos ou serviço;
>   VII - suspensão temporária de atividade;
>   VIII - revogação de concessão ou permissão de uso;
>   IX - cassação de licença do estabelecimento ou de atividade;
>   X - interdição, total ou parcial, de estabelecimento, de obra ou de atividade;
>   XI - intervenção administrativa;
>   XII - imposição de contrapropaganda. (BRASIL, 1990, *online*)

Por conseguinte, verifica-se a essencialidade da aplicação de um programa de *compliance* contratual nestas empresas que estão inseridas no comércio eletrônico, sendo necessário a implementação de condutas que estejam em conformidade com as requisições legislativas. Da mesma forma, a presença de uma governança corporativa digital é essencial para as empresas que estão inseridas no ambiente do comércio eletrônico, visando à estruturação de diretrizes internas e externas, e evitando a aplicação de sanções em virtude de práticas inadequadas de fornecimentos de produtos ou prestações de serviços.

Em gravame, essa busca pela conformidade se torna ainda mais necessária quando relacionada com empresas digitais inseridas dentro do ambiente do metaverso. Fundamentalmente, entende-se que uma Empresa Digital não é o mesmo que a extensão virtual de uma empresa real, que possui uma sede física (PINHEIRO, 2021, p. 48). Previamente, faz-se necessário definir a existência jurídica das empresas digitais, em virtude de que algumas têm por base um modelo de negócio adaptado do mundo real, como a livraria virtual (PINHEIRO, 2021, p. 48). Especificamente, tem-se o exemplo da Amazon, que a livraria é um negócio digital, não possuindo lojas físicas e, portanto, não podendo existir sem a internet, portanto a existência jurídica dessa empresa é estritamente virtual (PINHEIRO, 2021, p. 48).

Em outro parâmetro, podem ter empresas digitais que possuem por base um modelo de negócio que possui uma base estruturada exclusivamente no mundo virtual, a exemplo dos jogos digitais. Portanto, em algumas ocasiões essas empresas nem ao menos possuem inscrição no Cadastro Nacional de Pessoas Jurídicas ou qualquer registro em Cartório, dificultando a localização física quando há problemas com os consumidores ou inviabilizando uma série de realizações comerciais com fornecedores, investidores e financiadores (PINHEIRO, 2021, p. 48).

Por consequência, a estruturação desses modelos de negócios dentro do ambiente do metaverso se apresenta como uma medida importante para que estas empresas digitais possam ter um espaço para interagir com consumidores, fornecedores, investidores e financiadores, em virtude de que o metaverso busca representar o próprio mundo físico. Contudo, desafios também surgem desta propositura, a exemplo da necessidade de ter infraestrutura e logística preparadas para atender um cliente a qualquer tempo, de qualquer cultura, dentro de qualquer legislação, exigindo uma estratégia jurídico-comercial que consiga entender e atender a toda a complexidade deste ambiente digital (PINHEIRO, 2021, p. 48).

Assim, tem-se a essencialidade da estruturação de um programa de *compliance* contratual capaz de alcançar a referida conformidade, em que a blindagem legal deve ser aplicada nas bases do próprio negócio, para evitar riscos desnecessários. Em exemplificação, uma Política de Privacidade e a adoção dos Termos de Uso podem ser condições de conformidade efetivas para estipular regras de utilização e fornecimento de serviços e produtos (PINHEIRO, 2021, p. 48).

Outra problemática para as empresas digitais é no sentido do controle de estoque, em razão de ser necessário apresentar a capacidade de atender aos pedidos constantes. Portanto, faz-se necessário adotar medidas preventivas, como mantes os usuários-clientes sempre informados sobre a disponibilidade de determinado produto ou serviço, assim como o tempo necessário de entrega ou disponibilidade, visando a ilidir riscos jurídicos (PINHEIRO, 2021, p. 48). Em verdade, cientificar o consumidor é importante para diminuir o grau de insatisfação, evitando que o usuário venha a efetuar uma reclamação.

No ambiente do metaverso, outra importante questão está relacionada com os termos de logística de uma empresa digital, em que precisa de uma estrutura para atender constantemente os consumidores, em que essas empresas possuem a responsabilidade jurídica e o compromisso comercial de estarem preparadas para atender as demandas de usuários de diferentes culturas e localidades (PINHEIRO, 2021, p. 49).

Portanto, como método protetivo, faz-se necessário deixar explicito nos Termos de Uso os horários de atendimentos e limites geográficos para entregas fora do ambiente do metaverso, sendo importante compreender que a base de um negócio digital bem-sucedido é a informação (PINHEIRO, 2021, p. 49).

Por consequência, entende-se que as empresas digitais dispostas no ambiente do metaverso precisão seguir padrões comerciais para manter a conformidade das suas relações negociais. Desta forma, a estruturação de um adequado programa de *compliance* contratual se apresenta como essencial para possibilitar a análise de riscos presentes nestes tipos de negócios e buscar mecanismos de conformidade capazes de minimizar e ilidir os riscos presentes nas atividades. Em outras palavras, tem-se a importância da aplicabilidade de mecanismos práticos para que o contrato seja formalizado em conformidade com os ditames legais e regulatórios.

De modo específico, levando em consideração a problemática estruturada neste capítulo, em relação ao absolutamente incapaz que entrou no sistema do metaverso com o usuário de seu representante legal e realizou a referida contratação eletrônica, a aplicação do *compliance* contratual seria essencial para prevenir a nulidade desta relação jurídica. Assim, necessita-se a elaboração de um Código de Conduta e Termos de Uso adequados para preverem princípios, ações e comportamentos que devem seguir seguidos durante a formalização de uma contratação eletrônica no ambiente do metaverso. Por conseguinte, faz-se necessário analisar alguns mecanismos práticos que possibilitem a efetividade do *compliance* contratual e o alcance da tutela da segurança jurídica das partes envolvidas nas contratações eletrônicas formalizadas no metaverso.

## 3.4 OS MECANISMOS PRÁTICOS PARA EFETIVIDADE DO COMPLIANCE CONTRATUAL

O *compliance* contratual é um requisito de aplicabilidade nas contratações eletrônicas formalizadas no metaverso, para que a relação negocial possa ser desenvolvida de forma preventiva e ilidida do risco de nulidades no negócio jurídico. Portanto, mecanismos práticos são essenciais para o alcance desta conformidade e possibilitação de tutela da segurança jurídicas das partes envolvidas na contratação.

Inicialmente, cumpre destacar que mecanismos tecnológicos oportunizam a valoração desta conformidade, a exemplo da aplicação da tecnologia denominada por *blockchain*. Previamente, importante compreender a diferenciação entre sistemas centralizados e descentralizados, em que os primeiros têm um controle central detentor de toda a autoridade de controladoria do sistema, possuindo limitações quanto a estabilidade, em que possui um ponto central de falha; são mais vulneráveis a ataques; a centralização de poder estabelece condições para a corrupção em diferentes atividades empresariais; e a escalabilidade é mais difícil (MARCHSIN, 2022, p. 12).

Em relação aos sistemas descentralizados, compreende-se que não possuem controle central de autoridade e cada nó tem um poder igual, em que não sofrem com as limitações convencionais dos sistemas centralizados, sendo mais estáveis, por não possuírem um ponto central único suscetível a falhas; são mais seguros e mais resistentes a ataques; e por conferir autoridade igual a todos, o sistema é mais simétrico, democrático e tem sido visto como uma ferramenta para o combate a corrupção (MARCHSIN, 2022, p. 12). Ainda, importante compreender a conceituação de registro distribuído, sendo essencialmente uma base de dados, em que as informações estão dispersas geograficamente, por meio de múltiplos dispositivos interconectados (MARCHSIN, 2022, p. 12). Quanto aos referidos sistemas, tem-se que:

> Ambos os sistemas centralizados ou descentralizados podem ser distribuídos. Um sistema centralizado distribuído é aquele que tem um nó principal responsável por dividir e distribuir as tarefas ou os dados para os demais nós. Já num sistema descentralizado distribuído, não há nó principal e a tarefa é subdividida e delegada aos nós. Um exemplo de sistema descentralizado e distribuído, peer-to-peer, é a Blockchain. (MARCHSIN, 2022, p. 12)

Contextualmente, a *blockchain* permite organizar os dados dos contratantes em blocos criptografados, alcançando a blindagem das informações contidas nas contratações eletrônicas e dificultando o acesso por terceiros alheios a relação negocial (CORREIA, 2017, p. 69). Em relação a *blockchain*, cumpre destacar que é uma:

> (...) tecnologia descentralizada de registro de dados [...] atualmente considerada com uma das tecnologias mais promissoras no sector financeiro, sendo habitualmente sublinhada a possibilidade de viabilizar alterações muito consideráveis nas estruturas, métodos operacionais e até modelos de negócio existentes. (CORREIA, 2017, p. 69)

Estruturalmente, importante compreender que:

> A partir da geração de um par de chaves, indeduzíveis matematicamente uma da outra: a "chave pública" é usada para criptografar e a "chave privada" para descriptografar. Uma cifra e outra decifra, a primeira, como diz o nome, é difundida publicamente, e a segunda deve ser ideal-mente gerada em hardware e ali armazenada de forma que, em hipótese alguma, seja extraviada ou perdida. (MARTINI, 2017, p. 103)

Por intermédio desta tecnologia as contratações eletrônicas podem ser desenvolvidas por meio de blocos criptografados, em que um comerciante dentro do metaverso destinaria, por exemplo, um anúncio que poderia ser acessado por determinados visitantes, e estes possuiriam chaves privadas capazes de acessar as cifras públicas distribuídas pelo comerciante. Portanto, com essas chaves presentes dentro do ambiente do metaverso, tem-se o desenvolvimento da arquitetura da comercialização de produtos e serviços dentro do metaverso.

Didaticamente, tem-se que:

> (...) o sistema *blockchain*, na sua forma pura, é baseado numa rede "ponto a ponto" ou *"peer-to-peer"* (P2P), de maneira descentralizada e compartilhada, ou seja, de computador para computador sem passar por nenhum intermediário.
> (MARTINI, 2017, p. 103-104)

> Numa rede que se torna centralizada, na forma tradicional de "cliente-servidor", quem mantém os dados é o servidor, e aquele que requisita dados é o cliente. O servidor será, por conseguinte, o responsável pela preservação dos dados, enquanto a máquina cliente requisita dados e ganha acesso com base em regras, papéis e políticas bem definidas. Numa rede P2P, todos os "nós" participantes mantêm dados e criam uma rede com certa autonomia, na qual os dados são requisitados, portanto são fornecidos pelos nós numa situação de equivalência. Na rede P2P, como uma *serverless network*, os papéis dos nós como servidor ou cliente, de quem fornece ou recebe dados, não são fixados, ao contrário, certamente, de uma rede centralizada. (MARTINI, 2017, p. 105)

Por conseguinte, por intermédio da rede P2P, em consonância com o sistema da *blockchain,* a equivalência dos nós seriam estruturadas entre o anúncio do comerciante e os clientes qualificáveis, que poderiam acessar um produto dentro do ambiente do metaverso. Assim, com a criação de critérios para a transmissão do anúncio e o acesso pelo cliente, permitir-se-á a estruturação da segurança das partes nas comercializações realizadas dentro do metaverso. Neste sentido, tem-se que:

É natural que uma nova proposta tecnológica tenha de adaptar-se a diferentes realidades econômicas e normativas. E, além disso, recairá sempre sobre ela as exigências de qualquer sistema de rede, não importando qualquer simpatia subjetiva: ter estabilidade, ser confiável na entrega de serviços ofertados e exigidos, oferecer segurança, com robustos sistemas criptográficos e sólidas credenciais para quem entra no sistema, ser tolerante à falha (*fault-tolerance*) e ter escalabilidade, com a capacidade de crescer sem descurar das características mencionadas. (MARTINI, 2017, p. 106)

Em exemplificação, um comerciante que divulgue produtos proibidos para menores, divulgaria seus produtos com chaves públicas, contudo, apenas consumidores específicos poderiam acessar. De modo específico, aqueles que possuíssem a maioridade e, consequentemente, no momento do cadastro na plataforma de utilização do metaverso recebessem chaves privadas que os caracterizassem com essa maioridade, estariam aptos a realizar os referidos acessos. Por consequência, por intermédio dessa desenvoltura de blocos criptografados, tem-se um mecanismo de aplicação do *compliance* contratual, em que o acesso de ambientes específicos ocorre com maior segurança.

Quanto aos benefícios, a aplicabilidade da *blockchain* no metaverso tem o potencial de permitir a redução de fraudes; a proteção de infraestruturas críticas contra ataques cibernéticos; a validação de documentos e contratos; a transparência da gestão do sistema do metaverso; a melhoria da prestação das atividades desenvolvidas e oferecidas neste ambiente; e na melhoria de práticas de programas de *compliance* para o alcance da conformidade do sistema (MARCHSIN, 2022, p. 18).

Em relação aos pontos de alerta, cumpre destacar que a *blockchain* não permite a remoção dos dados e só pode ser adulterada se mais de 50% da rede for controlada (centralizada) e os códigos anteriores reescritos; e a *blockcahin* verifica as programações inseridas no sistema e os dados contidos na rede, contudo, não atesta se as informações inseridas são verídicas

(MARCHSIN, 2022, p. 14). Portanto, dentro do ambiente do metaverso a tecnologia do *blockchain*, ainda não seria efetiva para realizar a verificação da identidade das partes que desejam realizar contratações eletrônicas no metaverso.

Assim, para essa sistemática ser efetiva, faz-se necessário que critérios sejam estabelecidos para os acessos dentro do metaverso. Neste sentido, importante compreender o seguinte conceito:

> (...) os chamados *permissioned blockchains*, que controlam as políticas e normas de participação de um indivíduo na rede *blockchain*, e os endereços para o uso num aplicativo *blockchain* são emitidos por um terceiro, que "verifica a sua permissão para entrar no sistema", da mesma maneira que o segurança de um edifício, de posse de suas credenciais, lhe faculta a entrada. (MARTINI, 2017, p. 106)

Especificamente, tem-se que:

> A rigor, numa sociedade complexa e de direitos, a identidade de pessoas físicas e jurídicas não é artigo de luxo, algo que se abra mão apenas por praticar esta ou aquela ideologia. Numa rede que compartilha e transmite dados digitais, que representam direitos ou deveres, como não identificar de forma inequívoca as entidades que ali trafegam? Assim, é importante considerar como ponto essencial para a usabilidade da tecnologia como ligar entidades criptográficas a entidades do mundo real: (MARTINI, 2017, p. 107-108)

Destarte, entende-se que, em complementação à sistemática supramencionada, propõe-se que para a formalização do negócio jurídico no metaverso as partes disponham de um certificado digital que possibilite o acesso ao ambiente do metaverso e, consequentemente, a assinatura (no mundo físico real) do contrato formalizado virtualmente no ambiente do metaverso. Fundamentalmente, tem-se que:

> A validação da existência ou da posse de documentos formalmente assinados é fundamental em qualquer contexto legal. Normalmente, a certificação tradicional

de documentos físicos se baseia em autoridades centrais, notariais ou não, para armazenar e aplicar os registros e mecanismos necessários para tal fim e também lidar com os aspectos e desafios da segurança. Desafios esses que se tornam cada vez mais difíceis a medida que os arquivos cenvelhecem. (CARDOSO; PINTO, 2019, p. 33)

Ainda, Gustavo Corrêa descreve a criptografia como:

(...) uma 'máscara' colocada sob determinado arquivo, tornando-o irreconhecível para aqueles que lhe 'olhassem na rua', ou seja, enquanto estivesse trafegando na Rede", e, complementa que "essa máscara seria algo lógico, relacionado a fórmulas matemáticas, e só alguém que possuísse a fórmula matemática certa poderia desmascará-la e, assim, lê-la.

Assim, por intermédio da necessidade do certificado digital para garantir a autenticidade das partes envolvidas e a estruturação de blocos criptografados, dificultar-se-á que terceiros alheios a relação negocial venha a transacionar. Estruturalmente, cada certificado digital possui duas chaves que são usadas a criptografia dos dados, em que realiza o embaralhamento eletrônico de dados, segundo uma fórmula matemática (VIDIGAL, 2001, p. 3). O referido embaralhamento é feito com uma chave, e somente poderá ser desfeito (desembaralhado) com outra chave, diferente da original, formando um par de chaves, em que uma protege a porta e somente a outra chave poderá realizar a abertura (VIDIGAL, 2001, p. 3).

Em exemplificação, quando uma pessoa solicita um certificado digital, recebe uma chave pública ligada a este, em que esta é de conhecimento público, e recebe uma chave privada, sendo de conhecimento exclusivo da pessoa que solicitou o certificado digital (VIDIGAL, 2001, p. 3). Portanto, qualquer outra pessoa poderá enviar ao titular da chave pública um documento criptografado, e somente com a utilização da chave privada será possível realizar a abertura do documento e formalizar com a devida assinatura (VIDIGAL, 2001, p. 3).

Em relação a infraestrutura de chaves públicas, tem-se a identificação por meio da sigla internacional PKI, em que utiliza criptografia assimétrica, relacionando um certificado digital com um determinado indivíduo ou a uma entidade (VIDIGAL, 2001, p. 3). Desta forma, são resguardados e garantidos o sigilo das comunicações e transações, a autenticidade dos atos, fatos e contratos eletrônicos, a integridade dos dados, visando a conferir a necessária segurança jurídica em que poderá decorrer a plena validade das contratações eletrônicas, inclusive contra terceiros, desde que garantidos por certificados e assinaturas digitais devidamente certificados eletronicamente (VIDIGAL, 2001, p. 3).

Por fim, importante compreender que um certificado digital funciona como uma carteira de identidade eletrônica que armazena as chaves de identificação do titular. Em regra, cada certificado digital contém a chave pública, o nome do titular do certificado, o endereço de e-mail do titular do certificado, informações sobre a validade do certificado digital, o nome da entidade certificadora emissora do certificado digital, o número do certificado digital e a assinatura digital da entidade certificadora (VIDIGAL, 2001, p. 4).

Em relação a infraestrutura de Chaves Públicas Brasileira (ICP-Brasil), importante compreender a Medida Provisória nº 2.200-2, de 24 de agosto de 2001, determinando em seu artigo 1º a instituição da Infra-Estrutura de Chaves Públicas Brasileira - ICP-Brasil, visando a garantir a autenticidade, a integridade e a validade jurídica de documentos em forma eletrônica, dentre outros mecanismos definidos no texto legal (BRASIL, 2001, *online*). O artigo 2º da referida Medida Provisória dispõe sobre a composição da ICP-Brasil, sendo estabelecida por uma autoridade gestora de políticas e pela cadeia de autoridades certificadoras composta pela Autoridade Certificadora Raiz - AC Raiz, pelas Autoridades Certificadoras - AC e pelas Autoridades de Registro – AR (BRASIL, 2001, *online*). E, segundo o artigo 3º da referida Medida Provisória, a função de autoridade gestora de políticas será exercida pelo Comitê Gestor da ICP-Brasil (BRASIL, 2001, *online*).

Sequencialmente, o artigo 4º da Medida Provisória nº 2.200-2/2001 dispõe que compete ao Comitê Gestor da ICP-Brasil, dentre outras características: adotar as medidas necessárias e coordenar a implantação e o funcionamento da ICP-Brasil; estabelecer a política de certificação e as regras operacionais da AC Raiz; homologar, auditar e fiscalizar a AC Raiz e os seus prestadores de serviço; estabelecer diretrizes e normas técnicas para a formulação de políticas de certificados e regras operacionais das AC e das AR e definir níveis da cadeia de certificação; aprovar políticas de certificados, práticas de certificação e regras operacionais, credenciar e autorizar o funcionamento das AC e das AR, bem como autorizar a AC Raiz a emitir o correspondente certificado; e atualizar, ajustar e revisar os procedimentos e as práticas estabelecidas para a ICP-Brasil, garantir sua compatibilidade e promover a atualização tecnológica do sistema e a sua conformidade com as políticas de segurança (BRASIL, 2001, *online*).

Ainda, a Medida Provisória determina em seu artigo 5º que à Autoridade Certificadora Raiz - AC Raiz, como executora das Políticas de Certificados e normas técnicas e operacionais aprovadas pelo Comitê Gestor da ICP-Brasil, compete emitir, expedir, distribuir, revogar e gerenciar os certificados das AC de nível imediatamente subsequente ao seu, gerenciar a lista de certificados emitidos, revogados e vencidos, e executar atividades de fiscalização e auditoria das AC e das AR e dos prestadores de serviço habilitados na ICP, em conformidade com as diretrizes e normas técnicas estabelecidas pelo Comitê Gestor da ICP-Brasil, e exercer outras atribuições que lhe forem cometidas pela autoridade gestora de políticas (BRASIL, 2001, *online*).

O artigo 6º da referida Medida Provisória dispõe que às Autoridades Certificadoras - AC, como entidades credenciadas a emitir certificados digitais vinculando pares de chaves criptográficas ao respectivo titular, compete emitir, expedir, distribuir, revogar e gerenciar os certificados, bem como colocar à disposição dos usuários listas de certificados revogados e outras informações pertinentes, e manter registro de suas operações (BRASIL, 2001, *online*). Importe salientar que, conforme o parágrafo único do referido artigo, o par de chaves criptográficas será gerado sempre pelo próprio titular e sua chave privada de assinatura será de seu exclusivo controle, uso e conhecimento, nos termos da contextualização supramencionada (BRASIL, 2001, *online*).

Por fim, a Medida Provisória nº 2.200-2/2001 determina em seu artigo 7º que às Autoridades de Registro - AR, compete identificar e cadastrar usuários, encaminhar solicitações de certificados às AC e manter registros de suas operações (BRASIL, 2001, *online*).

O artigo 10º, da referida Medida Provisória, em seu parágrafo 2º, apresenta uma importante contribuição para o objeto de investigação do presente estudo, em que dispõe sobre o não impedimento da utilização de outro meio de comprovação da autoria e integridade de documentos em forma eletrônica, inclusive os que utilizem certificados não emitidos pela ICP-Brasil, desde que admitido pelas partes como válido ou aceito pela pessoa a quem for oposto o documento (BRASIL, 2001, *online*). Portanto, conforme verificado no tópico anterior, está estruturação da ICP-Brasil é essencial para a validação dos documentos eletrônicos, inclusive para que tenham executividade reconhecida pelo Poder Judiciário.

Em complementação, faz-se necessário analisar alguns aspectos da Lei nº 14.063, de 23 de setembro de 2020, que, dentre outras medidas, alterou a Medida Provisória nº 2.200-2/2001. Importante destacar que embora a referida Lei estabeleça obrigações sobre o uso de assinaturas eletrônicas em interações com entes públicos, a legislação estrutura importantes diretrizes que são enriquecedoras para o objeto do presente estudo e podem ser aplicadas nos Termos de Uso das empresas inseridas no ambiente do metaverso.

O artigo 3º da referida Lei apresenta importantes conceitos, considerando como autenticação, o processo eletrônico que permite a identificação eletrônica de uma pessoa natural ou jurídica; como assinatura eletrônica, os dados em formato eletrônico que se ligam ou estão logicamente associados a outros dados em formato eletrônico e que são utilizados pelo signatário para assinar; como certificado digital, o atestado eletrônico que associa os dados de validação da assinatura eletrônica a uma pessoa natural ou jurídica; como o certificado digital ICP-Brasil, o certificado digital emitido por uma Autoridade Certificadora (AC) credenciada na Infraestrutura de Chaves Públicas Brasileira (ICP-Brasil), na forma da Medida Provisória supramencionada (BRASIL, 2020, *online*).

Quanto a classificação das assinaturas eletrônicas, a Lei nº 14.063/2020 apresenta em seu artigo 4º três divisões importantes, sendo 1) assinatura eletrônica simples, em que permite identificar o seu signatário e a que anexa ou associa dados a outros dados em formato eletrônico do signatário; 2) assinatura eletrônica avançada, em que utiliza certificados não emitidos pela ICP-Brasil ou outro meio de comprovação da autoria e da integridade de documentos em forma eletrônica, desde que admitido pelas partes como válido ou aceito pela pessoa a quem for oposto o documento, estando associada ao signatário de maneira unívoca, utilizando dados para a criação de assinatura eletrônica cujo signatário pode, com elevado nível de confiança, operar sob o seu controle exclusivo; e estando relacionada aos dados a ela associados de tal modo que qualquer modificação posterior é detectável; e 3) assinatura eletrônica qualificada, em que utiliza certificado digital, nos termos da Medida Provisória nº 2.200-2/2001 (BRASIL, 2020, *online*).

Destarte, em tese, a assinatura eletrônica qualificada, representada pelo certificado digital, proporciona confidencialidade, integridade, autenticidade da informação e não repúdio, em que o signatário não pode negar ter assinado determinado documento (VASQUES, 2021, p. 6). Em verdade, conforme analisado no tópico anterior, a presença da assinatura de um contrato eletrônico com o certificado digital permite a executividade do título.

Todavia, entende-se que tal mecanismo, isoladamente, ainda não seria efetivo, em virtude de que um certificado digital não possui uma grande restrição de acessibilidade, e, na exemplificação supramencionada, o incapaz ainda poderia ter acesso ao certificado digital, com a sua respectiva senha (chave privada), e conseguiria realizar a contratação eletrônica com uma suposta autenticidade. Portanto, faz-se necessário analisar outros mecanismos que alcancem a referida segurança jurídica.

Neste sentido, a consonância dos *smart contracts* com a tecnologia do *blockchain* pode ser uma alternativa, em virtude de os contratos eletrônicos poderem conter prévias programações de dados para que, na arquitetura do metaverso, estejam estruturados com linhas de verificações da identidade e capacidade das partes. Neste sentido, tem-se que:

> Pensemos, pois, num *smart contract* como um software que aplica e executa o contrato de forma autônoma. Nesse caso, usa-se também o qualificativo "inteligente" (*smart*), por ser executado em software. Por exemplo, ele pode transferir criptomoedas (*ethers, bitcoins etc.*). Cumprida essa ou aquela condição que se estabelece no contrato, é codificado em software. E, note-se, como sempre usando os nós da rede para validação sem qualquer intermediário. (MARTINI, 2017, p. 117)

Em complementação, tem-se que os contratos inteligentes (*smart contracts*) são contratos desenvolvidos em linhas básicas de códigos algorítmicos, em que os termos são armazenados em uma rede de *blockchain* e executados automaticamente por intermédio de comandos autoexecutáveis (MARCHSIN, 2022, p. 19). Os *smart contracts*, como espécies de contratos eletrônicos, possuem proteção jurídica, conforme analisado no capítulo anterior, diferenciando-se dos contratos tradicionais em razão da forma como a contratação é celebrada.

Os *smart contracts* possuem como principais propriedades a autonomia, a autossuficiência e a descentralização, sendo que a autonomia é a propriedade destes contratos se tornarem autoexecutáveis quando todas as condições do contrato são cumpridas, em virtude de serem regidos por códigos; a autossuficiência é o que estrutura a dinâmica de confiabilidade dos *smart contracts,* em que definem as regras e penalidades em torno de um acordo e executam e aplicam de forma automática as obrigações, eliminando a necessidade de execuções externas; por fim, a descentralização remete à inexistência de uma autoridade ou um servidor central para garantir a existência e processamento das contratações, que são distribuídas pela rede e podem ser confirmadas pelas próprias partes contratantes (MARCHSIN, 2022, p. 20).

Na prática do metaverso, a descentralização é importante em virtude de que, em regra, uma empresa instituirá um determinado ambiente de metaverso, como é o caso da Roblox, em que, por exemplo, outras empresas poderiam inserir páginas de comercialização neste ambiente e cada organização seria responsável por estruturar suas codificações de *smart contracts* na rede do metaverso, desde que em consonância com os Termos de Uso da plataforma sediadora do metaverso (no caso a Roblox). Assim, entende-se que as empresas poderiam ter autonomia para executar suas contratações eletrônicas, nas bases da tecnologia *blockchain.*

Em exemplificação, em primeiro lugar a empresa vendedora de determinado produto ou serviço deverá estabelecer os termos do negócio disposto em um anúncio no metaverso, e então reduzi-los em código e realizar seu *upload* em uma rede *blockchain,* para que um usuário (consumidor) consiga visualizar o anúncio e acessá-lo (por meio de um toque, voz ou outros recursos que estejam disponíveis (MARCHSIN, 2022, p. 20). Seguidamente, para que uma relação contratual via *smart contract* se perfaça, as partes precisarão manifestar seu consentimento aos termos estipulados por meio de uma assinatura digital, conforme supramencionado, em que uma vez feito isso o contrato estará escrito na rede *blockchain* e poderá ser acessado e executado diretamente por meio da plataforma do metaverso, de forma automática (MARCHSIN, 2022, p. 20).

Em outras palavras, o processo de estruturação dos *smart contracts* está dividido em 4 etapas: 1) A criação, sendo a negociação das partes, a elaboração do design do contrato inteligente, implementação e validação do *smart contract*; 2) O desenvolvimento, sendo o armazenamento do contrato na rede *blockchain*, e o bloqueio do produto ou serviço que está disposto em um anúncio no ambiente do metaverso, evitando que outro usuário possa acessá-lo e acabe ocorrendo compras conflitantes; 3) A execução, sendo a avaliação das cláusulas do contrato pelas partes envolvidas e a auto execução das cláusulas do *smart contract*; 4) E a conclusão, sendo a atualização do *status* do contrato eletrônico para concluído ou não, decorrendo o desbloqueio do produto ou serviço negociado, para que o usuário possa acessá-lo ou para que o objeto retorne para o anúncio original (MARCHSIN, 2022, p. 20).

Especificamente, a interoperação entre os *smart contracts* e a tecnologia *blockchain* permitirá a estipulação de padrões nos contratos eletrônicos para quando o usuário for realizar uma contratação. Em verdade, a própria empresa central do metaverso, no exemplo da Roblox, terá a possibilidade de inserir a estipulação de sucessivas verificações, exigindo-se que estas sejam cumpridas, pelas empresas que inserirem seus anúncios no ambiente do metaverso, para que as linhas dos contratos eletrônicos possam ser seguidas no âmbito dos negócios jurídicos, permitindo uma maior segurança para as partes envolvidas nas contratações eletrônicas. De modo específico, um *smart contract*, por ser um protocolo autoexecutável, é capaz de obter informações, processá-las e tomar as devidas ações previstas de acordo com as regras definidas a serem executadas (MARCHSIN, 2022, p. 20).

Juridicamente, importante compreender que as disposições e obrigações estabelecidas em contratos físicos podem ser transcritos em lógica de programação para os *smart contracts* (MARCHSIN, 2022, p. 20). Todavia, cláusulas que proporcionem interpretação extensiva, a exemplo de "agir com boa-fé", por serem dotadas de flexibilidade e não poderem ser facilmente codificadas objetivamente, não estão aptas a serem armazenadas e geridas por *smart contracts* (MARCHSIN, 2022, p. 20).

Quanto ao consentimento válido da declaração de vontade, pensando no contrato inteligente como um negócio jurídico digitalmente estabelecido, compreende-se que uma vez emanado consentimento válido, dirigido a determinado fim, essa nova classe de contratos possui efeitos jurídicos e, como tal, deve ser tutelada pelo ordenamento brasileiro (MARCHSIN, 2022, p. 20). Em verdade, o fato de incorporarem deveres e obrigações em código, ao invés de linguagem humana, não tem o condão de interferir na sua regular execução, em que havendo litígios, as partes ainda assim podem recorrer ao judiciário ou às câmaras arbitrais para renegociar, analisar descumprimentos e determinar os efeitos jurídicos decorrentes de eventual inadimplemento (MARCHSIN, 2022, p. 20).

Dentro da problemática proposta no presente estudo, importante exemplificar o caso do usuário X cadastrar perguntas-chaves, na sua conta de acesso no ambiente do metaverso, para que quando quisesse realizar uma compra no metaverso, ao acessar uma loja virtual uma pergunta inicial fosse feita e, se respondida corretamente, poderia avançar dentro da loja, ao declarar a sua vontade de comprar o produto, uma nova pergunta seria feita para que pudesse avançar. E assim sucessivamente, permitindo que a contratação eletrônica estivesse condicionada ao cumprimento de diversas verificações, para então poder ser efetivada.

Contudo, entende-se que tal alternativa precisaria estar vinculada a um tipo específico de verificação para ser completamente efetiva, em virtude de que, no caso hipotético, o absolutamente incapaz ainda poderia ter acesso as referidas verificações e conseguiria avançar por intermédio da negociação. Especificamente, a identificação das partes dentro do ambiente do metaverso ainda permanece sendo uma problemática, conforme supramencionado.

Ainda que em vinculação com os mecanismos práticos acima analisados, se os *smart contracts* não possuírem regras específicas para identificação das partes permitirá que contratações sejam realizadas apenas com as informações cadastrais do usuário, que podem ser desatualizadas e não demonstram inequivocamente quem está por trás do usuário real (MARCHSIN, 2022, p. 20). Em verdade, caso os contratos inteligentes envolvam partes que não possam validar com precisão sua real identidade, impossibilitada se afigurará na prática a possibilidade de autenticidade contratual e permanecerá a problemática da insegurança jurídica das partes envolvidas nas contratações eletrônicas formalizadas no metaverso (MARCHSIN, 2022, p. 20).

Por conseguinte, faz-se necessário a consonância com mecanismos que permitam a comprovação da identidade e, consequentemente, a capacidade das partes, e alcancem a efetividade da tutela da segurança jurídica dos contratantes. Nestes termos, e desconsiderando os liames que envolvem a privacidade das partes (visto não ser objeto do presente estudo), propõe-se a utilização de dados biométricos para a validação da capacidade das partes.

Fundamentalmente, o uso da biometria das partes, por intermédio de um dispositivo conectado ao local de acesso do usuário ao metaverso, permite a validação da identidade da parte. Neste sentido, importante compreender que:

> A biometria é o uso automatizado de características fisiológicas ou comportamentais dos seres humanos para identificar a sua identidade. Entre os atributos físicos comumente utilizados, tem-se a impressão digital dos dedos, o reconhecimento do rosto, da retina, da íris

> e o mapeamento de vasos sanguíneos. No que se refere ao comportamento, tem-se o reconhecimento de tom de voz, ritmo de digitação e análise grafotécnica. Em síntese, a biometria é a ciência que estuda a medida dos seres vivos. (CESARO JÚNIOR; RABELLO, 2012, p. 5)

Portanto, a manifestação da vontade por meio da biometria está pautada na utilização das características físicas para identificar um indivíduo. Especialmente, pensando no ambiente do metaverso, a declaração de vontade do contratante poderia ser identificada por intermédio da voz de um indivíduo e a validação da sua identidade poderia ocorrer por meio da validação biométrica do seu reconhecimento facial ou a impressão digital.

Neste sentido, tem-se que:

> O sucesso da biometria se explica por sua aceitação socialmente mais imediata. (...) A coleta biométrica, principalmente das impressões digitais, não é um algo novo. O Brasil já executa essa forma de individualização desde o advento da identificação biométrica, no século passado. Obviamente não era um processo *paperless*, pois tínhamos de manchar os dedos na tinta. Colhidas as impressões, ficavam lá armazenadas em cartões ou mídias dessa natureza, disponíveis ao perito papiloscopista. O sistema AFIS é a fusão da infraestrutura da informação com as medidas biométricas. É a troca da coleta por tinta por um equipamento de captura *livescan*. O AFIS recebe as imagens digitais pela infraestrutura de rede e as armazena digitalmente e, também pela mesma via, valida (batimento) as biometrias desejadas. (MARTINI, 2017, p. 89, 92)

Especificamente, o AFIS é um sistema automatizado que realiza leitura biométrica do dedo e, em comparação com um banco de dados, consegue identificar o titular daquele dado biométrico. Por conseguinte, enquadrado esta realidade no objeto do presente estudo, entende-se que o mesmo sistema possa ser utilizado para validar a identidade das partes envolvidas na contratação eletrônica no metaverso. Assim, com a coleta biométrica a verificação da identidade se torna fidedigna e alcança a necessária segurança jurídica das partes envolvidas.

De modo específico, nos contratos eletrônicos formalizados no ambiente do metaverso, compreende-se que se torna mais viável financeiramente se a validação da identidade for realizada através de um método biométrico automático, por meio de um leitor biométrico de impressões digitais, em virtude de que o leitor poderá ser utilizado inúmeras vezes e, inclusive, para outros fins (CESARO JÚNIOR; RABELLO, 2012, p. 6). Em verdade, com a evolução dos algoritmos de reconhecimento de impressões digitais, bem como a de leitores biométricos, que permitem capturar uma grande quantidade de informações da impressão digital, tem-se que esse tipo de biometria apresenta os índices de confiabilidade necessários para validar a identidade das partes envolvidas nas contratações eletrônicas formalizadas no ambiente do metaverso (CESARO JÚNIOR; RABELLO, 2012, p. 6).

Na prática, faz-se necessário a implementação de um módulo de geração de contratos eletrônicos válidos, em que, inicialmente, visando a ilidir a possibilidade de violação do direito à privacidade, o proprietário da característica captada precisará autorizar tal procedimento por meio da aceitação dos Termos de Uso e Privacidade para utilização do ambiente do metaverso, além de um termo específico para utilização dos dados biométricos (CESARO JÚNIOR; RABELLO, 2012, p. 7). Especificamente, este Termo deverá esclarecer a finalidade da captura, a sua utilização e o seu armazenamento, a exemplo da captura de impressão digital para verificação da identidade da parte, que será utilizada dentro do ambiente do metaverso para a formalização de uma contratação eletrônica e que será armazenada pelo prazo de 1 ano.

Posteriormente ao aceite do Termo pelo indivíduo, declarando ter ciência e concordância das informações ali presentes, a captura poderá ser realizada de fato e a verificação da identidade da parte contratante poderá ser realizada.

Fundamentalmente, será possível verificar quem de fato está, por exemplo, por trás do usuário X e assim ilidirá a possibilidade de ser um incapaz que o está utilizando, garantindo a segurança jurídica das partes contratantes.

Em complementação, faz-se necessário a validação com a utilização de um certificado digital pela parte contratada (empresa que vende ou fornece determinado produto ou serviço), nos termos já analisados anteriormente, visando a que seja possível garantir a integridade do documento e a validade da declaração da vontade e a assinatura digital da parte contratada (CESARO JÚNIOR; RABELLO, 2012, p. 8). Por fim, toda a estruturação do contrato eletrônico precisará ser armazenada em servidor disposto no ambiente do metaverso, visando ao armazenamento do contrato.

Neste mesmo panorama, importante se faz a análise do gerenciamento de chaves e autenticação de identidade para dispositivos vestíveis, como capacetes, óculos e fones de ouvido, que devem ser o principal terminal para acessar o ambiente do metaverso (XU et al., 2022, p. 12). O gerenciamento de chaves (incluindo geração, negociação, distribuição, atualização, revogação e recuperação) é essencial para que dispositivos vestíveis estabeleçam comunicação segura, forneçam dados sensoriais, e recebam serviço imersivo (XU et al., 2022, p. 12).

Os mecanismos convencionais de gerenciamento de chaves são construídos principalmente em sistemas criptográficos, com o objetivo de conectar o estabelecimento de chaves secretas sem contato entre minúsculos dispositivos vestíveis em ambientes de comunicação sem fio (XU et al., 2022, p. 12). Especificamente, estes mecanismos projetam uma abordagem inovadora de estabelecimento de chave utilizando características exclusivas de canal sem fio com base no posicionamento de dispositivos vestíveis (XU et al., 2022, p. 12). Em exemplificação, dentro do ambiente do metaverso, para um usuário acessar o sistema utilizando os óculos de realidade virtual seria necessário que este objeto possuísse uma rede de conexão sem fio por *bluetooth* ou *wi-fi* que permitisse a comunicação com o aparelho que está sendo utilizado para acessar o metaverso, como um computador ou celular.

Ainda, tem-se a análise em relação as trajetórias de intensidade do sinal recebido para construir a chave secreta movendo ou sacudindo os dispositivos vestíveis. Assim, para proteger as comunicações entre dispositivos vestíveis integrados com acelerômetros, tem-se a exploração da criptografia biométrica baseada em marcha para projetar um esquema de geração e distribuição de chave de grupo para dispositivos vestíveis (XU et al., 2022, p. 13). Este mecanismo de geração de chave aproveita a aleatoriedade dos sinais de ruído impostos aos sinais de aceleração brutos para produzir uma chave de grupo, e utiliza a característica comum de sinais de marcha amostrados de partes distintas do corpo humano para distribuição de chaves para outros sensores no mesmo corpo (XU et al., 2022, p. 13).

Em exemplificação, pensando em um usuário que acesse a plataforma Roblox pelo computador, além da necessidade de informar o login e senha, seria também necessário validar a identidade do usuário por meio do reconhecimento biométrico, assim como para realizar uma contratação eletrônica do metaverso. Por conseguinte, por intermédio desta verificação, a possibilidade do absolutamente incapaz acessar a plataforma com a conta do usuário X (seu representante legal) será remota, já que precisará comprovar a sua identidade com o reconhecimento biométrico e este não será aprovado. Assim, em sintonia com os mecanismos já elencados e, complementarmente, com a utilização de inteligência artificial para que a própria plataforma de acesso ao metaverso consiga requerer automaticamente tais validações, ter-se-á a possibilitação de verificação da identidade e capacidade das partes, e o alcance da tutela da segurança jurídica das partes envolvidas.

Todavia, caso a empresa que estrutura o ambiente

do metaverso (como a Roblox) deseje a máxima proteção contratual, cumpre ressaltar a necessidade de validações biométricas diversas, como a utilização de óculos de realidade virtual com captação óptica para confirmação da identidade da parte no acesso do ambiente virtual do metaverso e, posteriormente, a captação biométrica da impressão digital para formalização de uma contração eletrônica. Por conseguinte, por meio do reconhecimento óptico a chance de ocorrência de erros na identificação biométrica seria remota durante o acesso no ambiente do metaverso e, quando fosse ocorrer a contratação eletrônica, a nova verificação da impressão digital confirmaria que quem de fato está utilizando o sistema é o usuário X e não o seu filho incapaz.

O reconhecimento óptico está estruturado na técnica de utilização da íris ou da retina, em que a primeira é a parte colorida dos olhos e o sistema de verificação biométrica irá captar as características físicas da íris e, comparando com um banco de dados, realizar a verificação da parte (CAVALCANTI, 2005, p. 33). Em relação a retina, que é a imagem do fundo do olho, os sistemas que utilizam este tipo de verificação biométrica analisam uma camada interna do olho que é composta por vasos sanguíneos que formam um padrão único em cada indivíduo (CAVALCANTI, 2005, p. 34). Em comparação das duas técnicas, acoplar um verificador biométrico da íris em óculos de realidade digital é mais econômico em relação ao verificador da retina, portanto, esta última técnica deve ser utilizada em casos em que a segurança seja prioridade absoluta, como para usuários que realizem contratações eletrônicas de elevados montantes pecuniários no ambiente do metaverso (CAVALCANTI, 2005, p. 34).

Em complementação, a utilização do reconhecimento de voz também pode ser um mecanismo para permitir a mesma identificação da identidade, e pode ser uma técnica mais econômica, visto que pode ser utilizado no próprio aparelho de acesso ao ambiente do metaverso, como um computador ou celular (CAVALCANTI, 2005, p. 32). Quanto a técnica, tem-se a possibilidade de utilização de padrões extraídos de uma palavra ou frases pré-definidas, que são falados pelo usuário, e podem ser identificados pelo sistema (CAVALCANTI, 2005, p. 32). Contudo, o reconhecimento de voz tem susceptibilidade a variações oriundas do estado emocional (cansaço, tristeza, alegria) e físico (gripe, rouquidão) do usuário, além dos ruídos captados pelo microfone que podem levar o sistema do metaverso a recusar o usuário legítimo (CAVALCANTI, 2005, p. 33).

Portanto, entende-se a importância da utilização de sistemas multimodais de verificação de identidade pessoal, visando a que diversos mecanismos possam ser aplicados em acordo a cada necessidade do usuário. Assim, a empresa que estrutura o ambiente do metaverso (como a Roblox) precisa estruturar as características e especificações para cada utilização dentro do ambiente virtual, em que o usuário as vinculará de acordo com as suas necessidades. Em exemplificação, tem-se a possibilidade dos Termos de Uso do metaverso disporem que para criar um conta no sistema é obrigatório a utilização do reconhecimento de voz; caso o usuário deseje realizar contratações no ambiente do metaverso, tem-se a necessidade de verificação biométrica da impressão digital; e caso o usuário deseje realizar contratações específicas ou acima de um determinado valor, tem-se a necessidade de verificação biométrica óptica.

No mesmo sentido, as empresas que comercializam seus produtos e serviços no ambiente do metaverso podem estabelecer regras específicas para que os usuários possam acessá-las. Portanto, a estrutura-se a importância da aplicação do *compliance* contratual na própria utilização do ambiente do metaverso e nas contratações eletrônicas que são formalizadas neste sistema. Fundamentalmente, as empresas precisarão elencar os riscos presentes nas negociações dispostas no metaverso, estabelecer mecanismos de enfrentamento destes riscos e então estruturar medidas práticas que os mitiguem ou ilidam dos negócios jurídicos, garantindo a segurança das partes envolvidas.

Neste sentido se apresenta a intersecção com os mecanismos práticos analisados neste tópico, em que ficou comprovado que a verificação biométrica é o meio mais economicamente efetivo para a validação da identidade e a tutela da segurança jurídica das partes envolvidas nas contratações eletrônicas formalizadas no ambiente do metaverso. Ainda, o contrato eletrônico precisará estar validado com um certificado digital pela parte contratada, visando à validação contrato e da sua manifestação de vontade. Em complementação, o contrato eletrônico poderá estar disposto no sistema de um *smart contract*, para que as diversas verificações possam ser realizadas de forma automatizada. E toda esta sistemática precisará estar disposta em uma rede com a tecnologia *blockchain,* visando a que a contratação esteja em blocos criptografados que tutelem a segurança jurídica dos contratantes.

De modo específico, tem-se que uma medida de segurança jurídica importante no metaverso consiste no gerenciamento de identidade, já que é a base para interação usuário/avatar e provisionamento de serviço com maior confiabilidade. Assim, a verificação e a garantia de autenticidade da identificação digital do usuário são essenciais para a segurança jurídica nas contratações eletrônicas formalizadas no metaverso. Portanto, e geralmente, as identidades digitais podem ser classificadas em identidade centralizada, federada e auto-soberana.

A identidade centralizada refere-se à identidade digital autenticada e gerenciada por uma única instituição, como a conta do Gmail (XU et al., 2022, p. 12) ou uma identidade digital única baseada em *blockchain,* em que possibilita que os dados do usuário sejam atualizados com as informações mais recentes constantes na rede (MARCHSIN, 2022, p. 21). Já a identidade federada refere-se à identidade digital gerenciada por várias instituições ou federações. Esta identidade pode reduzir o custo administrativo na autenticação para operações entre plataformas e domínios e aliviar o processo complicado de digitar informações pessoais repetidamente para os usuários (XU et al., 2022, p. 12).

A identidade auto-soberana é totalmente controlada por usuários individuais. Permite que os usuários compartilhem e associem de forma autônoma diferentes informações pessoais (por exemplo, nome de usuário, informações educacionais e informações de carreira) na execução de operações entre domínios para permitir a interoperabilidade de identidade com o consentimento dos usuários (XU et al., 2022, p. 12).

Destarte, estes mecanismos práticos possibilitam a aplicação do *compliance* contratual e o alcance da conformidade das contratações eletrônicas com a capacidade das partes. Todavia, importante salientar a importância das plataformas que realizarem o acesso ao metaverso estruturarem em seus Termos de Uso os ditames destas verificações biométricas, pensando na tutela da privacidade das partes envolvidas e na disposição de regras específicas para a utilização dos mecanismos de verificações biométricas. Especificamente, faz-se necessário a estruturação de ditames técnicos e específicos para que os usuários das plataformas que permitem o acesso ao metaverso saibam dos requisitos necessários e consigam utilizar o metaverso com adequabilidade.

Nesta seara, como medida prática, tem-se a possibilidade de realização de auditoria interna dos sistemas que possibilitam o acesso ao metaverso, permitindo a verificação de riscos na plataforma e possibilitando a propositura de medidas capazes de alcançar a mitigação (TRISCIUZZI, 2009, p. 86). Em complementação, nos moldes da segurança da informação, tem-se a imprescindibilidade da governança digital, em que segundo Luciano Floridi (2018, p. 3): "(...) é a prática de estabelecer e implementar políticas, procedimentos e padrões para o desenvolvimento, uso e gerenciamento adequados da infosfera.".

Por fim, em consonância a todas as medidas práticas supramencionadas, tem-se a necessidade de aplicabilidade no ambiente do metaverso das bases do princípio normativo referente a autorregulamentação, sendo o deslocamento do eixo legislativo para as partes envolvidas nas contratações eletrônicas formalizadas no metaverso, visando a que tutelem a segurança das partes e alcancem a solução adequada para a validade da identidade digital (PINHEIRO, 2021, p. 45). Fundamentalmente, necessita-se que as partes envolvidas nas referidas contratações eletrônicas estejam conscientes e dispostas a seguirem as regras estipuladas, por uma via paralela que não a via legislativa, para que as condutas realizadas ao longo da formalização contratual no ambiente do metaverso sejam dotadas de legitimidade e validade.

Neste sentido, a autorregulamentação parte do pressuposto de que as próprias partes são as interessadas para saber quais são as lacunas que o Direito deve proteger, a exemplo das questões contratuais que estão sem proteção jurídica e quais caminhos de solução viável podem ser tomados (PINHEIRO, 2021, p. 45). Cumpre destacar que o princípio que norteia a autorregulamentação é o de legislar sem excessiva burocracia, permitindo que o próprio Direito esteja adequado à realidade social, em virtude da constante dinâmica e flexibilidade das transformações sociais na sociedade da informação (PINHEIRO, 2021, p. 45).

A tendência de autorregulamentação, por meio do exercício da liberdade responsável e das práticas de mercado sem a constante intervenção estatal, e em consonância com os demais mecanismos práticos supramencionados, é uma das soluções que mais atendem a problemática proposta no presente estudo. Em verdade, compreende-se que o Direito deve não apenas conhecer o fenômeno social para legislar, mas sim possuir uma dinâmica e uma flexibilidade que sustente a norma na velocidade das mudanças da sociedade da informação, que são sentidas primeiramente pela própria sociedade (PINHEIRO,

2021, p. 45).

Destarte, entende-se que o ambiente do metaverso é extremamente novo e desafiador, esculpindo modalidades negociais que previamente não foram experimentadas pelo mundo jurídico. Em gravame, o próprio Direito não consegue ser capaz de acompanhar estas constantes transformações, acentuando a insegurança jurídica das partes envolvidas em negócios jurídicos dentro do ambiente do metaverso. Por conseguinte, a autorregulamentação entre as partes é essencial para a estruturação de medidas assecuratórias para a formalização e validade dos contratos eletrônicos ambientados no metaverso.

Em exemplificação, a estruturação de uma política de privacidade e dos Termos de Uso é essencial para que uma empresa digital que estrutura seus negócios dentro do ambiente do metaverso consiga estipular métodos de validação da identidade dos consumidores que buscam seus produtos e serviços. Portanto, a formalização de uma contratação eletrônica no metaverso poderá tutelar a segurança jurídica das partes envolvidas.

Assim, por intermédio da intersecção entre estes métodos de validação, da auditoria interna e a governança digital, as plataformas podem verificar se estão seguindo as prevenções necessárias para garantir que as partes que utilizam o ambiente do metaverso comprovem suas capacidades. Portanto, as plataformas poderão gerar a confiabilidade necessária para que os usuários utilizem o ambiente do metaverso com adequação e segurança jurídica. Por conseguinte, alcançar-se-á a efetividade protetiva dos direitos da personalidade nas contratações eletrônicas formalizadas no metaverso. Especialmente, possibilitar-se-á que a sociedade da informação continue evoluindo nos moldes da revolução digital.

Destarte, com a aplicação do *compliance* contratual dentro do ambiente do metaverso, em sintonia com mecanismos práticos evidenciados, tem-se a possibilitação da verificação da identidade e capacidade das partes. Desta forma, permite-se que as contratações eletrônicas estejam em conformidade com os ditames legais e alcancem a tutela da segurança jurídica das partes envolvidas no ambiente do metaverso.

# POSFÁCIO

A sociedade da informação permite a convergência tecnológica no desenvolvimento social. Portanto, com o presente estudo foi possível compreender a conexão entre os avanços tecnológicos e a formação social, especificamente no que tange aos aspectos da sociedade da informação. Em complementação, verifica-se que esta convergência tecnológica impacta na própria estruturação do metaverso, em virtude da reformulação das interações sociais e a forma como o consumo é estruturado na sociedade da informação. Por conseguinte, tem-se a compreensão de que os indivíduos passam a buscar um novo ambiente de convívio social, pautado no desejo da representação do mundo físico nos moldes virtuais, e o metaverso passa a representar essa representação da nova realidade.

Da mesma forma, compreendeu-se que por intermédio da evolução dos contratos de modo geral, segundo suas bases principiológicas, perpassaram para a perspectiva do desenvolvimento das contratações eletrônicas, e estas então puderam ser formalizadas no ambiente do metaverso. Fundamentalmente, o presente estudo permitiu a compreensão da conexão entre as contratações eletrônicas e o metaverso, no que se refere aos aspectos da relação social que são impactados na sociedade da informação. Ainda, compreende-se que as bases principiológicas das contratações tradicionais devem ser mantidas nas contratações eletrônicas, sendo que estas apenas uma nova forma de contratar, mas não um novo contrato, conforme analisado.

Assim, explorou-se que o instituto contratual foi se transformando durante a sua evolução, alcançando a revolução tecnológica e passando a ser operacionalizado no âmbito eletrônico, em que o contrato eletrônico se constitui como uma nova forma de contratar, estando vinculado com os mesmos princípios dos contratos tradicionais. Em complementação, compreendeu-se que não há impedimento para os contratos eletrônicos serem formalizados no ambiente do metaverso. Em verdade, estruturou-se que a declaração de vontade dentro deste ambiente pode ocorrer por meio de um clique em um anúncio disposto dentro do metaverso; da manifestação pela voz do usuário em desejar contratar determinado serviço ou produto; e de mensagens dentro do próprio ambiente.

Por fim, o estudo adentrou a compreensão da importância de proteção dos direitos da personalidade durante a formalização das contratações eletrônicas, visando à tutela da segurança jurídica dos contratantes. Especialmente, a necessidade de proteção da capacidade das partes durante as contratações eletrônicas para que estas não venham a serem afetadas por vícios. Especificamente, analisou-se a situação hipotética de um menor incapaz ter acesso aos dados do usuário do seu representante legal e conseguir adentrar o metaverso, realizando então uma indevida contratação eletrônica.

Em gravame, analisou-se que quando vícios maculam os negócios jurídicos, tem-se as consequências de nulidade ou anulabilidade dos negócios jurídicos, impactando as relações negociais das partes envolvidas no ambiente do metaverso. Destarte, permitiu-se a compreensão da importância da aplicação do *compliance* contratual para a proteção da segurança jurídica dos contratantes, entendendo a possibilidade de aplicação de mecanismos práticos, como a utilização de verificações biométricas, para que a capacidade das partes possa ser validada durante a formalização das contratações eletrônicas no metaverso.

Especialmente, compreendeu-se a importância da utilização de sistemas multimodais de verificação de identidade pessoal, visando a que diversos mecanismos possam ser aplicados em acordo a cada necessidade do usuário. Em que o contrato eletrônico precisará estar validado com um certificado digital pela parte contratada, visando à validação contrato e da sua manifestação de vontade. Em complementação, o contrato eletrônico poderá estar disposto no sistema de um *smart contract*, para que as diversas verificações possam ser realizadas de forma automatizada. E toda esta sistemática precisará estar disposta em uma rede com a tecnologia *blockchain,* visando a que a contratação esteja em blocos criptografados que tutelem a segurança jurídica dos contratantes.

Por fim, tem-se a essencialidade da estruturação de Termos de Uso dentro das plataformas do metaverso, para que este ambiente seja dotado de regras que busquem tutelar a segurança das partes contratantes, sob as bases da autorregulamentação. Nestes termos, entende-se que a sociedade da informação permite uma completa evolução na forma como as contratações são formalizadas, permitindo a realização de negócios jurídicos no ambiente do metaverso. Portanto, as empresas e a própria sociedade precisam utilizar as novas tecnologias para alcançarem a tutela da segurança jurídica das partes envolvidas nas contratações eletrônicas formalizadas no metaverso. Destarte, permitir-se-á que a sociedade da informação continue evoluindo na constante convergência tecnológica e que os contratos eletrônicos alcancem a confiabilidade necessária na operacionalização no metaverso.

# REFERÊNCIAS

AMARAL, Francisco. **Direito civil.** Introdução. 5. ed. Rio de Janeiro: Renovar, 2003.

_____, Francisco. **Direito Civil.** Introdução. 7. Ed. Rio de Janeiro: Renovar, 2008.

AMARAL NETO, Francisco dos Santos. A autonomia privada como fonte normativa e como cânone de interpretação. *In:* **Encontro no Instituto de Estudos Culturais**, 2015, Canela.

_____, Francisco dos Santos. **Direito civil:** introdução. 5ª ed. Rio de Janeiro: Renovar, 2003.

ANTONIK, Luis Roberto. *Compliance*, **ética, responsabilidade social e empresarial:** uma visão prática. Rio de Janeiro: Alta Books, 2016.

ARTESE, Gustavo. *Compliance* Digital e Privacidade. *In:* CARVALHO, André Castro *et al..* **Manual de Compliance.** São Paulo: Forense, 2021.

AZEVEDO, Álvaro Villaça. **Curso de direito civil:** teoria geral dos contratos. 4. ed. São Paulo: Saraiva Educação, 2019.

AZEVEDO, Antônio Junqueira de. **Negócio Jurídico:** existência, validade e eficácia. 4ª ed. São Paulo: Saraiva, 2018.

BACIGALUPO, Enrique. *Compliance y Derecho Penal*. Pamplona: Thomson Reuters, 2011.

BAGGIO, Andreza Cristina. *E-commerce*: o avanço tecnológico e as relações consumidor-fornecedor. Curitiba: Intersaberes, 2022.

BARRETO JÚNIOR, Irineu Francisco. Atualidade do Conceito Sociedade da Informação para a pesquisa jurídica. *In*: PAESANI, Liliana Minardi (coord.). **O Direito na Sociedade da Informação**. São Paulo: Atlas, 2007.

BASTOS, Celso Ribeiro; MARTINS, Ives Gandra. **Comentários à Constituição do Brasil**. São Paulo: Saraiva, 1989, v. 2.

BAUMAN, Zygmunt. **Modernidade líquida**. Rio de Janeiro: Jorge Zahar, 2001.

BDINE JÚNIOR, Hamid Charaf. **Efeitos do negócio jurídico nulo**. São Paulo: Saraiva, 2010.

BELK, Russell William. Consumo pós-pandemia: um portal para um mundo novo? **Cadernos Ebape. Br**, v. 18, n. 3, p. 639-647, 2020.

BELL, Daniel. **O advento da sociedade pós-industrial:** uma tentativa de previsão social. São Paulo: Cultrix, 1973.

BENACCHIO, Marcelo; OLIVEIRA, Jeferson Sousa. **Globalização e Estado**: considerações sobre a humanização do direito econômico. Revista de Direito, Economia e Desenvolvimento Sustentável, v. 3, n. 1, p. 74-89, 2017.

BERLINSKI, David. **O advento do algoritmo**: a ideia que governa o mundo. São Paulo: Globo, 2002.

BERNARDI, Amarildo José. Informação, comunicação, conhecimento: evolução e perspectivas. **Transinformação**, v. 19, n. 1, p. 39-44, 2007.

BERTOCCELLI, Rodrigo de Pinho. *Compliance. In:* CARVALHO, André Castro *et al..* **Manual de *Compliance.*** São Paulo: Forense, 2021.

BETTI, Emilio. *Teoria generale del negozio giuridico. In:* VASSALLI, Filippo. ***Trattato de diritto civile italiano.*** Torino: UTET, 1960.

BITTAR, Carlos Alberto. **Os direitos da personalidade**. 8. ed. São Paulo: Saraiva, 2015.

BRASIL. **Constituição da República Federativa do Brasil**. 1988.

Disponível em: http://www.planalto.gov.br/ccivil_03/constituicao/constituicao.htm. Acesso em: 22 abr. 2022.

_____. **Decreto nº 7.962, de 15 de março de 2013.** Disponível em: http://www.planalto.gov.br/ccivil_03/_ato2011-2014/2013/decreto/d7962.htm. Acesso em: 22 jul. 2022.

_____. Lei nº 8.078, de 11 de setembro de 1990. **Código de Defesa do Consumidor.** 1990. Disponível em: http://www.planalto.gov.br/ccivil_03/LEIS/L8078.htm#art5. Acesso em: 22 jul. 2022.

_____. Lei nº 10.406, de 10 de janeiro de 2002. **Código Civil.** 2002. Disponível em: http://www.planalto.gov.br/ccivil_03/leis/2002/l10406compilada.htm. Acesso em: 22 jul. 2022.

_____. **Lei nº 12.965, de 23 de abril de 2014.** Disponível em: http://www.planalto.gov.br/ccivil_03/_ato2011-2014/2014/lei/l12965.htm. Acesso em: 22 jul. 2022.

_____. **Lei nº 14.063, de 23 de setembro de 2020.** Disponível em: http://www.planalto.gov.br/ccivil_03/_ato2019-2022/2020/lei/l14063.htm. Acesso em: 27 jul. 2022.

_____. **Medida Provisória nº 2.200-2, de 24 de agosto de 2001.** Disponível em: https://www.planalto.gov.br/ccivil_03/mpv/antigas_2001/2200-2.htm. Acesso em: 27 jul. 2022.

_____. **Livro Verde da Sociedade da Informação no Brasil.** Brasília: Ministério da Ciência e Tecnologia, 2000.

BLOK, Marcella. *Compliance* **e Governança Corporativa.** 3. ed. Rio de Janeiro: Freitas Bastos, 2020.

BRUUN, Anders; STENTOFT, Martin Lynge. *Lifelogging in the wild: Participant experiences of using lifelogging as a research tool. In:* **IFIP Conference on Human-Computer Interaction.** Springer, Cham, 2019. p. 431-451.

CANOTILHO, José Joaquim Gomes. **Direito Constitucional e Teoria da Constituição.** Coimbra: Almedina, 2000.

CARDOSO, João Antônio Aparecido; PINTO, Jefferson de Souza.

*Blockchain* e *Smart Contracts*: um estudo sobre soluções disponíveis para seguradoras. **Revista Ideias & Inovação**, Aracaju, v. 5, n. 2, p. 29-42, 2019.

CASTELLS, Manuel. **A Era da Informação**: economia, sociedade e cultura. Volume I, a sociedade em rede. 5 ed. São Paulo: Paz e Terra, 2001.

CASTRO, Rafael Guedes de. *Compliance* **Criminal**: autorregulação, gerenciamento do risco e impactos na atividade econômica empresarial. 2016. 129 f. Dissertação (Mestrado em Direito Econômico e Socioambiental) - Pontifícia Universidade Católica do Paraná, Curitiba, 2016.

CAVALCANTI, Geroge Darmiton da Cunha. **Composição de Biometrias para Sistemas multimodais de Verificação de Identidade Pessoal**. 2005. 213 f. Tese (Doutorado em Ciência da Computação) – Universidade Federal de Pernambuco, Recife, 2005.

CESARO JÚNIOR, Telmo de; RABELLO, Roberto dos Santos. Um modelo para a implementação de contratos eletrônicos válidos. **Revista Brasileira de Computação Aplicada**, v. 4, n. 1, p. 48-60, 2012.

CORRÊA, Gustavo Testa. **Aspectos jurídicos da Internet**. 2. ed. São Paulo: Saraiva, 2002.

CORREIA, Franciso Mendes. A tecnologia descentralizada de registro de dados (Blockchain) no sector financeiro. *In*: CORDEIRO, António Menezes. OLIVERIA, Ana Perestrelo de. DUARTE, Diogo Pereira. *FinTech:* desafios da tecnologia financeira. Coimbra: Almedina, 2017.

COSTA, Rosalina Moitta Pinto da; AZEVEDO JÚNIOR, Manuel Albino Ribeiro. A Executividade dos Contratos Eletrônicos: análise do posicionamento do STJ. **Revista Eletrônica de Direito Processual**, v. 23, n. 2, 2022.

DE CUPIS, Adriano. **Os direitos da personalidade**. Lisboa: Livraria Moraes, 1961.

DIEDRICH, Guilherme Becker. *Compliance* **Digital**: uma ferramenta de combate a corrupção na era digital. 2019. 133

f. Dissertação (Mestrado em Direito) – Faculdade de Direito da Fundação Escola Superior do Ministério Público, Porto Alegre, 2019.

DOMINGOS, Pedro. **O Algoritmo mestre**. Como a busca pelo algoritmo de machine learning definitivo recriará nosso mundo. São Paulo: Novatec, 2017.

ENGISCH, Karl. **Introdução ao Pensamento Jurídico**. Trad. João Baptista Macahdo. 10. ed. Lisboa: Fundação Calouste Gulbenkian, 2008.

FALCÃO, Thiago; MARQUES, Daniel. **Pagando para vencer:** Cultura, agência e bens virtuais em video games. Contracampo, v. 36, n. 02, p. 133-156, 2017.

FERNANDES, Alexandre Cortez. **Direito Civil:** contratos. Caxias do Sul: Educs, 2011.

FERRARA, Luigi Cariota. *Il negozio giuridico nel diritto privato italiano*. Napoli: Morano, 1948.

FIGUEIREDO, Helena Lanna; THEODORO JÚNIOR, Humberto. **Negócio jurídico**. Rio de Janeiro: Forense, 2021.

FLORIDI, Luciano. *Soft Ethics, the Governance of the Digital and the General Data Protection Regulation.* **Philosophical Transactions of the Royal Society A: Mathematical, Physical and Engineering Sciences**, A 376: 20180081, 2018. Disponível em: https://royalsocietypublishing.org/doi/10.1098/rsta.2018.0081. Acesso em: 27 abr. 2022.

FRAZÃO, Ana. **Direito antitruste e direito anticorrupção**: pontes para um diálogo. Constituição, empresa e mercado. Brasília: Faculdade de Direito/UNB, 2017.

FREITAS, Daniel Paulo Paiva. **Proteção e Governança de Dados.** Curitiba: Contentus, 2020.

FUJITA, Jorge Shiguemitsu. Dano moral e a pessoa jurídica. **Revista de Direito das Faculdades Integradas de Jaú**, 2013.

GABRIEL, Martha. **Inteligência artificial:** do zero ao metaverso. 1. ed. Barueri: Atlas, 2022.

GIOVANINI, Wagner. *Compliance* - A Excelência na Prática, 1. ed. São Paulo: Produção Independente, 2014.

GONÇALVES, Carlos Roberto. **Direito Civil brasileiro v. 3**. 8. ed. São Paulo: Saraiva, 2011.

GONÇALVES, Carlos Roberto. **Direito civil brasileiro v. 3** – contratos e atos unilaterais. 17. ed. São Paulo: Saraiva Educação, 2020.

GRIDER, David; MAXIMO, Matt. *The metaverse: Web 3.0 virtual cloud economies.* **Grayscale Research**, 2021, p. 1-19.

GUERRA, Alexandre. **Princípio da conservação dos negócios jurídicos**. São Paulo: Almedina, 2019.

HOFFMANN-RIEM, Wolfgang. **Teoria geral do direito digital**: transformação digital: desafios para o direito. 2. ed. Rio de Janeiro: Forense, 2022.

KOHN, Karen; MORAES, Claudia Herte. **O impacto das novas tecnologias na sociedade**: conceitos e características da Sociedade da Informação e da Sociedade Digital. Congresso Brasileiro de Ciências da Comunicação. 2007. Disponível em: http://www.intercom.org.br/papers/nacionais/2007/resumos/R1533-1.pdf. Acesso em: 14 jul. 2022.

KOLBE JÚNIOR, Armando. **Governança e regulações da Internet no Brasil e no mundo.** Curitiba: Contentus, 2020.

LACERDA, Natalia de Melo. *Compliance* **empresarial e interesse social**: uma análise crítica da influência da teoria do *shareholder value* na conformidade empresarial a partir da criminologia econômica. 2020. 154 f. Dissertação (Mestrado em Direito) - Universidade de Brasília, Brasília, 2020.

LAWAND, Jorge José. **Teoria Geral dos Contratos Eletrônicos.** São Paulo: Juarez de Oliveira, 2003.

LIPOVETSKY, Gilles. **A Felicidade paradoxal**: ensaio sobre a sociedade de hiper-consumo. São Paulo: Companhia das Letras, 2007.

LEE, Lik-Hang et al. *All one needs to know about metaverse:*

*A complete survey on technological singularity, virtual ecosystem, and research agenda.* **arXiv preprint arXiv:2110.05352**, 2021, p. 1-66.

LÉVY, Pierre. **Cibercultura**. Tradução de: Carlos Irineu da Costa. São Paulo: Editora 34 LTDA, 1999.

LISBOA, Roberto Senise. **Direito civil de A a Z.** Barueri: Manole, 2008.

LISBOA, Roberto. **Direito na Sociedade da Informação**. 2020. Disponível em: https://www.researchgate.net/publication/341219107. Acesso em: 10 nov. 2021.

LISBOA, Roberto Senise. Proteção do consumidor na sociedade da informação. **Revista do Direito Privado da UEL**, v. 2, n. 1, p. 7, 2009.

LÔBO, Paulo. **Direito civil**: contratos. 3. ed. São Paulo: Saraiva, 2017.

LORENZETTI, Ricardo Luis. **Comércio Eletrônico**. Trad. Fabiano Menke. São Paulo: RT, 2004.

LUCCA, Newton de. **Aspectos Jurídicos da Contratação Informática e Telemática.** São Paulo: Saraiva, 2003.

MACEDO, Tarcízio; VIEIRA, Manuela do Corral. Dinâmicas de consumo de bens virtuais: práticas e valores no universo de *League of Legends*. **E-Compós**, v. 21, nº 1, p. 1-26, 2018.

MAEDA, Bruno Carneiro. Programas de *Compliance* anticorrupção: importância e
elementos essenciais. *In*: DEBBIO, Alessandra Del; MAEDA, Bruno Carneiro; AYRES, Carlos Henrique da Silva (*Coords.*). **Temas de anticorrupção e *Compliance*.** Rio de Janeiro: Elsevier, 2013.

MARCACINI, Augusto Tavares Rosa. **Aspectos Fundamentais do Marco Civil da Internet**: Lei nº 12.965/2014. São Paulo: Edição do autor, 2016.

MARCHESIN, Karina Bastos Kaehler. *Blockchain* e *smart contracts*: as inovações no âmbito do Direito. São Paulo:

Expressa, 2022.

MARGATO, Luís Roberto Soares; BARBOSA, Marco Antonio. Garantias Individuais na Sociedade da Informação. **FMU DIREITO - Revista Eletrônica** (ISSN: 2316-1515), v. 30, n. 44, 2020.

MARQUES, Wasley Peixoto. Estratégias Empreendedoristas na Advocacia: do tradicionalismo às inovações tecnológicas. **Revista Geintec - Gestão Inovação e Tecnologias**, v. 11, n. 1, p. 5773-5785, 2021.

MARTINI, Renato. **Sociedade da informação:** para onde vamos [livro eletrônico]. São Paulo: Trevisan, 2017.

MARTINS *et al.* A evolução do metaverso na sociedade: principais desafios jurídicos. *in:* MARTINS; FONSECA (*coord.*). **Metaverso**: aspectos jurídicos. São Paulo: Almedina, 2022.

MATTELART, Armand. **História da Sociedade da Informação.** Belo Horizonte: Loyola, 2001.

MATTIETTO, Leonardo. Invalidade dos atos e negócios jurídicos. *In*: TEPEDINO, Gustavo (*Coord.*). **A Parte Geral do novo Código Civil**: estudos na perspectiva civil-constitucional. Rio de Janeiro: Renovar, 2002.

MELLO, Cleyson de Moraes. **Direito civil**: contratos. 2. ed. Rio de Janeiro: Freitas Bastos, 2017.

MELLO, Marcos Bernardes de. **Teoria do fato jurídico: plano da validade**. 15. ed. São Paulo: Saraiva Educação, 2019.

MONTEIRO, Washington de Barros. **Curso de direito civil, v. 4.** Atualizado por MALUF, Carlos Alberto Dabus. 32 ed. São Paulo: Saraiva, 2003.

NEVES, Edmo Colnaghi. **Fundamentos da governança corporativa**: riscos, direito e *compliance.* Curitiba: InterSaberes, 2021.

NING, Huansheng *et al. A Survey on Metaverse: the State-of-the-art, Technologies, Applications, and Challenges.* **ArXiv preprint arXiv:2111.09673**, 2021, p. 1-34.

NÚCLEO DE INFORMAÇÃO E COORDENAÇÃO DO PONTO BR. **Documentos da Cúpula Mundial sobre a Sociedade da Informação**: Genebra 2003 e Túnis 2005/*International Telecommunication Union* [livro eletrônico]. Traduzido por: Marcelo Amorim Guimarães. São Paulo: Comitê Gestor da Internet no Brasil, 2014.

NUNES, Arnaldo Rizzardo. **Contratos**. Rio de Janeiro: Forense, 2011.

NUNES, Mariana Rodrigues Cursino Osorio. **Rescisão de Contratos por Questões de *Compliance***. 2019. 43 fl. Monografia (Pós-graduação em Direito dos Contratos) – Insper, São Paulo, 2019.

PINHEIRO, Patrícia Peck. **Direito Digital**. 7. ed. São Paulo: Saraiva Educação, 2021.

PIRONTI, Rodrigo; KEPPEN, Mariana. Metaverso: novos horizontes, novos desafios. *International Journal of Digital Law –* **IJDL**, v. 02, n. 03, Belo Horizonte, p. 57-68, 2021.

REBOUÇAS, Rodrigo Fernandes. **Contratos eletrônicos:** formação e validade – aplicações práticas. 2. ed. São Paulo: Almedina, 2018.

REIS, Paulo Victor Alfeo. **Algoritmos e o Direito**. São Paulo: Almedina, 2020.

RESENDE, Andrea Araújo Martins. **Impacto social e *due diligence***: o aprendizado no começo da caminhada. 2016. 115 fl. Dissertação (Mestrado em Administração) – Universidade de São Paulo, São Paulo, 2016.

RIBEIRO, Marcia Carla Pereira; DINIZ, Patrícia Dittrich Ferreira. *Compliance* e a lei anticorrupção nas empresas. **Revista de Informação Legislativa,** Brasília, ano 52, n. 205, p. 87-105, jan./mar. 2015.

ROCHA JÚNIOR, Francisco de Assis do Rego Monteiro; GIZZI, Guilherme Frederico Tobias de Bueno. **Fraudes Corporativas e Programas de *Compliance***. Curitiba: InterSaberes, 2018.

RODRIGUES, Nadja da Nóbrega. **Entre discursos e práticas: a inclusão digital e as desigualdades sociais**. 2018. 441 f. Tese (Doutorado em Ciências Sociais) – Universidade Federal de Campina Grande, Paraíba, Brasil, 2018.

RONHA, Amanda Nunes. *Compliance* **digital e segurança da informação:** desafios impostos pela Lei Geral de Proteção de Dados. 2021. 90 fl. Dissertação (Mestrado em Direito da Sociedade da Informação) – Faculdades Metropolitanas Unidas, São Paulo, 2021.

SANCHEZ, Joe. *Second Life: An interactive qualitative analysis. In: Society for Information Technology & Teacher Education International Conference.* Association for the Advancement of Computing in Education (AACE), 2007. p. 1240-1243.

SANTAELLA, Lucia. **Temas e dilemas do pós-digital**: a voz da política. 1. ed. São Paulo: Paulus, 2016.

SANTOS, Boaventura de Sousa. **A globalização e as ciências sociais**. São Paulo: Cortez, 2011.

SANTOS, Michel Carlos Rocha; MIRANDA, Michelly Cardoso. **A Eficácia Horizontal dos Direitos Fundamentais**: a proteção à intimidade e a vida privada no teletrabalho em face da Era virtual. Revista de Direito do Trabalho, vol. 175/2017, p. 95 – 115, mar., 2017.

SARLET, Ingo Wolfgang. **Dignidade da pessoa humana e direitos fundamentais na Constituição Federal de 1988**. 9. ed. Porto Alegre: Livraria do Advogado, 2011.

SCHNEIDER, Gary Peter. *Electronic commerce*. 10. ed. Canada: *Cengage Learning*, 2013.

SIMMEL, Georg. *Fashion. American Journal of Sociology*, v. 62, n. 6, p. 541–548, 1957.

SIQUEIRA JÚNIOR, Paulo Hamilton. Direito Informacional: Direito da sociedade da informação. **Revista dos Tribunais**, vol. 859/2007, p. 743 – 759, maio, 2007.

STEFANO, Nara; ZATTAR, Izabel Cristina. *E-commerce*: conceitos, implementação e gestão. Curitiba: Intersaberes, 2016.

TAKAHASHI, Tadao. **Sociedade da informação no Brasil**: livro verde. Brasília: Ministério da Ciência e Tecnologia, 2000.

TARTUCE, Flávio. **Direito civil**. v. 3. 12. ed. Rio de Janeiro: Forense, 2017.

TEIXEIRA, Tarcisio. **Comércio eletrônico**: conforme o Marco Civil da Internet e a regulamentação do e-commerce no Brasil. São Paulo: Saraiva, 2015.

TEIXEIRA, Tarcísio. **Direito Eletrônico**. São Paulo: Juarez de Oliveira, 2007.

THEODORO JÚNIOR, Humberto. **Comentários ao novo código civil, v. III, Tomo I**. Rio de Janeiro: Forense, 2003.

TONON, Daniel Henrique Paiva. *Compliance* **e programa interno de integridade de acordo com a legislação anticorrupção brasileira**. 2016. 115 f. Dissertação (Mestrado Profissional em Administração - Governança Corporativa) – Centro Universitário das Faculdades Metropolitanas Unidas, São Paulo, 2016.

TRISCIUZZI, Carlos Renato Fontes. **A Auditoria Interna como Ferramenta de Melhoria dos Controles Internos de uma Organização**: estudo de caso em uma empresa do segmento industrial do Rio de Janeiro. 198 f. Dissertação (Mestrado em Ciências Contábeis) - Universidade do Estado do Rio de Janeiro, Rio de Janeiro, 2009.

TURBIANI, Renata. **Nike lança coleção de tênis digitais para o metaverso; preço chega a R$ 2,8 milhões.** 2022. Disponível em: Nike lança coleção de tênis digitais para o metaverso; preço chega a R$ 2,8 milhões - Época Negócios | Tecnologia (globo.com). Acesso em: 12 mai. 2022.

VALLE, Regina Maria Piza de Assumpção Ribeiro do. **A ordem jurídica internacional e a sociedade da informação**. 2007. 206 f. Dissertação (Mestrado em Direito Internacional) - Faculdade de Direito da Universidade de São Paulo, São Paulo, 2007.

VASQUES, Viviane da Silva Coelho. A Segurança Jurídica nos Contratos Eletrônicos de Natureza Civil via Internet. **Unisul de Fato e de Direito**: revista jurídica da Universidade do Sul de

Santa Catarina, v. 11, n. 22, p. 207-215, 2021.

VENOSA, Sílvio de Salvo. **Direito Civil**. 11. ed. São Paulo: Atlas, 2011.

VERÇOSA, Haroldo Malheiros Duclere. **Curso de Direito Comercial. v. 4.** São Paulo: Malheiros, 2011.

VIDIGAL, Geraldo Facó. Validade & segurança jurídica em contratos eletrônicos. **Revista Jurídica da Presidência**, v. 3, n. 27, 2001.

WINTERS, Terry. *The Metaverse: prepare for the next big thing* [livro eletrônico]. Publicação independente, 2021.

XU, Minrui *et al*. *A Full Dive into Realizing the Edge-enabled Metaverse: Visions, Enabling Technologies, and Challenges.* **arXiv preprint arXiv:2203.05471**, 2022, p. 1-45.

---

[1] Texto original: *"The ultimate goal of the metaverse is to look and feel like physical reality, allowing your avatar to move around freely, interact with others, and access information within a 3D environment just like in the real world. Interactions will affect both your own state of being and that of others in the metaverse"*.

[2] Texto original: *"(...) decentralization is grounded on the idea that "users are the platform" and the platform is sustained collectively by those who take part in it. As part-owners of the platform, users are therefore entitled to enjoy sovereignty over their virtual assets, data, and digital wealth"*.

[3] Tradução livre de: *"We desire objects only if they are not immediately given to us for our use and enjoyment; that is, to the extent that they resist our desire [...]. Objects are not difficult to acquire because they are valuable, but we call those objects valuable that resist our desire to possess them. Since the desire encounters resistance and frustration, the objects gain a significance that would never have been attributed to them by an unchecked will."*.

[4] "Execução. Contrato de confissão de dívida. Ausência da assinatura de testemunhas. Precedentes. Súmula n.º 83 da Corte. 1. A jurisprudência da Corte está assentada no sentido de que a ausência da assinatura das testemunhas descaracteriza o contrato como título executivo, a teor do que dispõe o art. 585, II, do Código de Processo Civil. 2. Recurso especial não conhecido" (STJ (3. Turma). REsp 332.926/RO. Relator: Ministro Carlos Alberto Menezes Direito. Julgado em 28/05/2002. DJ 26/08/2002, p. 213, grifo nosso); "Contrato de financiamento. Título executivo extrajudicial. Não constitui título executivo o contrato de financiamento que não contém as assinaturas de duas testemunhas. Precedentes do STJ. Recurso especial conhecido e provido" (STJ (4. Turma). REsp 24.122/RS. Relator: Min. Barros

Monteiro. Julgado em 24/08/1993. DJ 11/10/1993, p. 21322, grifo nosso); "Civil/processual. Contrato de financiamento. Falta que o desconsidera como título executivo. Descaracteriza-se como título executivo o contrato de financiamento que não contém as assinaturas de duas testemunhas" (STJ (3. Turma). REsp 3.831/AL. Relator: Min. Dias Trindade. Julgado em 25/02/1991. DJ 18/03/1991, p. 2800, grifo nosso); "Processual civil. Contrato de financiamento. Título executivo. Exigência. O contrato de financiamento bancário que não se encontra assinado, também, por duas testemunhas, não é título executivo (art. 585, II, CPC). (STJ (3. Turma). REsp 28.068/MG. Relator: Min. Dias Trindade. Julgado em 26/10/1992. DJ 23/11/1992, p. 21890, grifo nosso); "Execução. Contrato. Nota promissória embargos rejeitados. Embargos declaratórios. Multa. O contrato com a assinatura de apenas uma testemunha é título imperfeito, contudo subsiste a executoriedade do crédito em face da cambial, de igual valor. a aplicação da multa pela apresentação de embargos declaratórios deve ser fundamentada. Recurso parcialmente provido" (STJ (3. Turma). REsp 42.263/MG. Relator: Min. Claudio Santos. Julgado em 17/04/1995. DJ 05/06/1995, p. 16665, grifo nosso); "Processual civil. Execução. Título executivo. 1. Parata executio: nulla executio sine titulo. 2. A falta de assinatura de duas testemunhas no contrato de financiamento implica na sua descaracterização como título executivo. 3. Precedentes. 4. Recurso especial conhecido e provido" (STJ (4. Turma). REsp 11.745/RS. Relator: Min. Bueno de Souza. Julgado em 30/11/1992. DJ 01/02/1993, p. 465, grifo nosso); "[...] I. Não constitui título executivo o contrato particular que não preenche os requisitos do artigo 585, II, do CPC, porquanto ausente assinaturas de duas testemunhas. [...]" (STJ (3. Turma). AgRg no REsp 1096195/PR. Relator: Min. Sidnei Beneti. Julgado em 28/04/2009. DJe 11/05/2009); "[...] 2. Na espécie, o tribunal local, no bojo do voto condutor, é muito claro ao consignar que o contrato de cessão de crédito é dependente de contrato original de confissão de dívida, no qual não consta a assinatura das testemunhas instrumentárias, fazendo do manejo da ação executiva meio processual inadequado, o que não impede que a matéria venha a ser discutida pelas vias ordinárias. 3. O título de crédito é um instrumento que deve atender às exigências legais para que seja válido. O atendimento ao formalismo legal é requisito próprio do direito cambiário, para fins de proteção da segurança das partes envolvidas e daqueles que vierem a se envolver com a circulação do instrumento de crédito. 4. A ausência de qualquer requisito legal não conduz à invalidade do negócio jurídico que lhe deu origem; contudo, será carente de executoriedade por ausência de característica cambial legalmente exigida. Assim porque, na espécie, desnaturado de sua natureza cambiária, o instrumento de confissão de dívida não subscrito pelas duas testemunhas, nos termos do art. 585, II, do CPC, não constitui título executivo, e a controvérsia que dele emanar há de ser dirimida pelas regras do direito comum. [...]" (STJ (4. Turma). EDcl no Ag 1386597/MS. Relator: Min. Raul Araújo. Julgado em 16/05/2013. DJe 25/06/2013).

[5] "[...] 1. Apenas constituem títulos executivos extrajudiciais aqueles taxativamente definidos em lei, por força do princípio da tipicidade legal (nullus titulus sine legis), sendo requisito extrínseco à substantividade do

próprio ato. 2. No tocante especificamente ao título executivo decorrente de documento particular, salvo as hipóteses previstas em lei, exige o normativo processual que o instrumento contenha a assinatura do devedor e de duas testemunhas (NCPC, art. 784, III, e CPC/73, art. 595, II), já tendo o STJ reconhecido que, na sua ausência, não há falar em executividade do título. 3. A assinatura das testemunhas é requisito extrínseco à substância do ato, cujo escopo é o de aferir a existência e a validade do negócio jurídico. O intuito foi o de permitir, quando aventada alguma nulidade do negócio, que as testemunhas pudessem ser ouvidas para certificar a existência ou não de vício na formação do instrumento, a ocorrência e a veracidade do ato, com isenção e sem preconceitos. 4. 'A assinatura das testemunhas instrumentárias somente expressa a regularidade formal do instrumento particular, mas não evidencia sua ciência acerca do conteúdo do negócio jurídico' (REsp 1185982/ PE, Rel. Ministra Nancy Andrighi, Terceira Turma, julgado em 14/12/2010, DJe 02/02/2011). Em razão disso, a ausência de alguma testemunha ou a sua incapacidade, por si só, não ensejam a invalidade do contrato ou do documento, mas apenas a inviabilidade do título para fins de execução, pela ausência de formalidade exigida em lei. 5. Esta Corte, excepcionalmente, tem entendido que os pressupostos de existência e os de validade do contrato podem ser revelados por outros meios idôneos, e pelo próprio contexto dos autos, hipótese em que tal condição de eficácia executiva – a assinatura das testemunhas – poderá ser suprida. 6. O Superior Tribunal de Justiça, em razão das disposições da lei civil a respeito da admissibilidade de testemunhas, tem desqualificado o título executivo quando tipificado em alguma das regras limitativas do ordenamento jurídico, notadamente em razão do interesse existente. A coerência de tal entendimento está no fato de que nada impede que a testemunha participante de um determinado contrato (testemunha instrumentária) venha a ser, posteriormente, convocada a depor sobre o que sabe a respeito do ato negocial em juízo (testemunha judicial). [...]" (STJ (4. Turma). REsp 1453949/SP. Relator: Min. Luis Felipe Salomão. Julgado em 13/06/2017. DJe 15/08/2017).

[6] STJ (3. Turma). REsp 1185982/PE. Relatora: Min. Nancy Andrighi. Julgado em 14/12/2010. DJe 02/02/2011.

[7] "[...] 1. Consoante jurisprudência iterativa da Casa, o documento particular, que não contenha a assinatura de duas testemunhas, não preenche os requisitos do aludido dispositivo legal, não autorizando, portanto, a utilização da via executiva para a cobrança do crédito nele inscrito (art. 585, II, do CPC). 2. A assinatura das testemunhas é um requisito extrínseco à substância do ato, cujo escopo é o de aferir a existência e a validade do negócio jurídico; sendo certo que, em caráter absolutamente excepcional, os pressupostos de existência e os de validade do contrato podem ser revelados por outros meios idôneos e pelo próprio contexto dos autos, hipótese em que tal condição de eficácia executiva poderá ser suprida [...]" (STJ (4. Turma). REsp 1438399/PR. Relator: Min. Luis Felipe Salomão. Julgado em 10/03/2015. DJe 05/05/2015); "[...] 1. Para que o instrumento particular sirva como título executivo, é necessário que seja assinado por duas testemunhas. Excepciona-se a regra

apenas quando há comprovação da avença por outros meios [...]" (STJ (4. Turma). AgRg no AREsp 800.028/RS. Relatora: Min. Maria Isabel Gallotti. Julgado em 02/02/2016. DJe 05/02/2016); "[...] 1. O contrato de locação não precisa estar assinado por duas testemunhas para servir como título executivo extrajudicial. [...]" (STJ (4. Turma). AgInt no AREsp 970.755/RS. Relatora: Min. Maria Isabel Gallotti. Julgado em 21/03/2017. DJe 07/04/2017); "[...] DIREITO CIVIL. RECURSO ESPECIAL. LOCAÇÃO. FIANÇA. PENHORA. BEM DE FAMÍLIA. POSSIBILIDADE. PRECEDENTES DO SUPREMO TRIBUNAL FEDERAL E DO SUPERIOR TRIBUNAL DE JUSTIÇA. EXECUÇÃO. INSTRUÇÃO. CÓPIA DO CONTRATO. ADMISSIBILIDADE. TESTEMUNHAS. ASSINATURA. DESNECESSIDADE. [...]" (STJ (5. Turma). REsp 951.649/SP. Relator: Min. Arnaldo Esteves Lima. Julgado em 17/12/2007. DJe 10/03/2008); "[...] INEXISTÊNCIA DE IDENTIFICAÇÃO DE TESTEMUNHAS. MERA FORMALIDADE. [...] O Tribunal de origem concluiu ser válido o título executivo extrajudicial, pois a ausência de identificação das testemunhas constitui mera irregularidade, de acordo com jurisprudência firmada por esta Corte, a atrair a incidência do óbice da Súmula 83/STJ. [...]" (STJ (3. Turma). AgRg no AREsp 609.407/RS. Relator: Min. Marco Aurélio Bellizze. Julgado em 26/05/2015. DJe 10/06/2015); "[...] AUSÊNCIA DE ASSINATURA DE DUAS TESTEMUNHAS. MITIGAÇÃO. VALIDADE DO TÍTULO EXECUTIVO. 1.- Excepcionalmente, a certeza quanto à existência do ajuste celebrado pode ser obtida por outro meio idôneo, ou no próprio contexto dos autos, caso em que a exigência da assinatura de duas testemunhas no documento particular – in casu, contrato de confissão de dívida – pode ser mitigada. [...]" (STJ (3. Turma). AgRg nos EDcl no REsp 1183496/DF. Relator: Min. Sidnei Beneti. Julgado em 13/08/2013. DJe 05/09/2013).

[8] "RECURSO ESPECIAL. CIVIL E PROCESSUAL CIVIL. EXECUÇÃO DE TÍTULO EXTRAJUDICIAL. EXECUTIVIDADE DE CONTRATO ELETRÔNICO DE MÚTUO ASSINADO DIGITALMENTE (CRIPTOGRAFIA ASSIMÉTRICA) EM CONFORMIDADE COM A INFRAESTRUTURA DE CHAVES PÚBLICAS BRASILEIRA. TAXATIVIDADE DOS TÍTULOS EXECUTIVOS. POSSIBILIDADE, EM FACE DAS PECULIARIDADES DA CONSTITUIÇÃO DO CRÉDITO, DE SER EXCEPCIONADO O DISPOSTO NO ART. 585, INCISO II, DO CPC/73 (ART. 784, INCISO III, DO CPC/2015). QUANDO A EXISTÊNCIA E A HIGIDEZ DO NEGÓCIO PUDEREM SER VERIFICADAS DE OUTRAS FORMAS, QUE NÃO MEDIANTE TESTEMUNHAS, RECONHECENDO-SE EXECUTIVIDADE AO CONTRATO ELETRÔNICO. PRECEDENTES. 1. Controvérsia acerca da condição de título executivo extrajudicial de contrato eletrônico de mútuo celebrado sem a assinatura de duas testemunhas. 2. O rol de títulos executivos extrajudiciais, previsto na legislação federal em "numerus clausus", deve ser interpretado restritivamente, em conformidade com a orientação tranquila da jurisprudência desta Corte Superior. 3. Possibilidade, no entanto, de excepcional reconhecimento da executividade de determinados títulos (contratos eletrônicos) quando atendidos especiais requisitos, em face da nova realidade comercial com o intenso intercâmbio de bens e serviços em sede virtual. 4. Nem o Código Civil, nem o Código de Processo Civil, inclusive o de 2015, mostraram-se permeáveis à realidade negocial vigente e,

especialmente, à revolução tecnológica que tem sido vivida no que toca aos modernos meios de celebração de negócios, que deixaram de se servir unicamente do papel, passando a se consubstanciar em meio eletrônico. 5. A assinatura digital de contrato eletrônico tem a vocação de certificar, através de terceiro desinteressado (autoridade certificadora), que determinado usuário de certa assinatura a utilizara e, assim, está efetivamente a firmar o documento eletrônico e a garantir serem os mesmos os dados do documento assinado que estão a ser sigilosamente enviados. 6. Em face destes novos instrumentos de verificação de autenticidade e presencialidade do contratante, possível o reconhecimento da executividade dos contratos eletrônicos. 7. Caso concreto em que o executado sequer fora citado para responder a execução, oportunidade em que poderá suscitar a defesa que entenda pertinente, inclusive acerca da regularidade formal do documento eletrônico, seja em exceção de pré-executividade, seja em sede de embargos à execução. 8. RECURSO ESPECIAL PROVIDO" (STJ (3. Turma). REsp 1495920/DF. Relator: Min. Paulo de Tarso Sanseverino. Julgado em 15/05/2018. DJe 07/06/2018).

# SOBRE O AUTOR

## Gabriel Carvalho Dos Santos

 Advogado responsável pelo setor de Direito Empresarial da banca MZT Advogados, com enfoque em contratos empresariais e compliance. Graduado em Direito pela Faculdade Integrado de Campo Mourão – PR, Mestre em Direito Empresarial pelo Centro Universitário das Faculdades Metropolitanas Unidas de São Paulo (FMU). Especialista em Direito Empresarial pela Faculdade Legale. Especialista em Direito Digital pela Faculdade Batista de Minas Gerais. Especialista em Direito do Trabalho e Processo do Trabalho pela Faculdade Legale. Graduado em Direito pela Faculdade Integrado de Campo Mourão – PR. MBA em andamento em Governança Corporativa pela Faculdade Iguaçu.

www.ingramcontent.com/pod-product-compliance
Lightning Source LLC
Chambersburg PA
CBHW070902290526
45795CB00001B/204